KB057242

카지노 시크릿

재판 | 2022년 10월 13일

지은이 진킴
발행인 한명선

편집 김수경　**마케팅** 김예진
관리 박미실　**디자인** 모리스

주소 서울시 종로구 평창길 329(우편번호 03003)
문의전화 02-394-1037(편집)　02-394-1047(마케팅)
팩스 02-394-1029
전자우편 saeum98@hanmail.net
블로그 blog.naver.com/saeumpub
페이스북 facebook.com/saeumbooks
인스타그램 instagram.com/saeumbooks

발행처 (주)새움출판사
출판등록 1998년 8월 28일(제10-1633호)

- 잘못된 책은 바꾸어 드립니다.
- 책값은 뒤표지에 있습니다.

카지노에서 언제나 승자가 되는 비결

카지노 시크릿

진킴 지음

새홍

차례

secret 1
카지노의 비밀

secret 2
카지노 밖에서의 전략

secret 3
테이블 위에서의 테크닉

secret 4
에피소드에서 배우는 교훈

secret 5
가진 돈에 따른 안전한 게임방식

◆

진리는 코앞에

전 세계 카지노를 돌아다니다 보면 종종 따는 방법을 가르쳐 달라는 요청을 받곤 한다. 사람들은 어느 날 문득 조용히 따라 와서는 식사를 대접하겠다든지 차를 사겠다고 말한다. 물론 필자는 카지노에서 사람을 사귀면 안 된다는 원칙에 따라 그들과 자리를 같이하는 법은 없다. 정중히 거절하면 그들은 아주 아쉬워하며 선 채로 묻곤 한다.

"그럼……. 저, 죄송하지만 뭐 하나 여쭤봐도 되겠습니까?"

"예."

그들의 질문은 거의 비슷하다.

"어떻게 하면 딸 수 있는지 좀 가르쳐주십시오."

매우 공손하고 부드럽게 물어보지만 실상 그들의 가슴은 타들어 가고 있음에 틀림없다. 100명 중 99명이 카지노에서 거의 모든 돈을 날렸거나, 날리고 있거나, 앞으로 날릴 사람들이기 때문이다. 그래서 그들의 물음은 간절하다 못해 처연하기까지 하다. 물론 건방을 떠는 사람이라면 필자는 두말없이 돌아서지만 그러한 간절함이 담긴 목소리를 대하면 필자도 인간인지라 어쩔 수 없이 대답을 주곤 한다. 그들에게 필자가 주는 비결은 언제나 똑같다. 유럽에서건 미국에서건 중국에서건 한국에서건 마찬가지다. 필자는 되묻는다.

"혹시 100만원을 가지고 만원은 이길 수 있으십니까?"

그러면 그들은 모두 피식 웃는다.

"아, 그럼요. 100만원 가지고 만원을 못 딸 사람이 도대체 어디 있습니까?"

그러면 필자는 고개를 끄덕이며 웃으며 돌아선다. 그것이 바로 해답이기 때문이다. 그들은 이 비결을 어떻게 받아들일까. 내가 자기들을 놀린다고 생각할까. 그렇지 않으면 이 간단하지만 확고부동한 진리를 이해하고 받아들일까. 어느 쪽인지 나는 알 수가 없다. 그래도 뭔가 내 말이 전혀 공허하게 들리지만은 아닌 듯도 싶다. 왜냐하면 아주 오랜만에 들른 카지노에서 얼굴을 기억하지 못하지만 간혹 내게 다가와서 이렇게 말하는 사람들이 있기 때문이다.

"가르침이 참 고맙습니다."

글쎄, 그들은 내 말을 알아들었던 것일까? 아마 그랬으니까 와서 인사를 하는 것이리라. 사실 바카라든 인생이든 마찬가지가 아닐까? 부를 형성하는 데 한평생 매진해온 사람이라도 어느 날 갑자기 100억, 200억을 한순간에 벌지는 않았을 것이 다. 처음에는 100만원을 벌었을 테고, 그 다음에는 150만원, 200만원, 300만원 이런 식으로 다져 올라가서 결국은 5,000만원, 1억, 2억, 5억, 10억, 100억 이렇게 늘어나게 되었을 것이다.

인생의 원리는 도박의 원리와 똑같다. 그러나 도박을 하는 시간은 짧고 격렬하며 그에 비하면 삶을 사는 시간은 매우 길다. 그래서 사람들은 도박에서는 인생과는 좀 더 다른 스타일로 게임을 하는 모양이다. 하지만 도박의 근본은 사람들이 생각하듯이 운運에 있지 않다. 운에 자신과 가족의 인생을 맡긴다면 그것은 결코 해서는 안 될 일이다.

도박을 하려면 사업답게 하라고 말하고 싶다. 사업의 원리는 여러분 모두 알고 있다. 하루 100만원을 벌기 위해서라면 5억 내지 10억 정도의 투자금이 들어가 있을 것이다. 5억 내지 10억 또는 그 이상의 투자를 해서 하루에 100만원을 버는 것이다. 그래서 한 달에 3천만원을 벌고 일 년에 3억6천만원을 버는 것이다. 그처럼 도박 역시 100만원을 가지고 시작했다면 200만원, 500만원, 1000만원을 따려고 해서는 안된다. 100만원을 가지고 왔으면 만원을 이기려고 해야 하는 것이다.

물론 모든 것이 집중되어 있는 카지노 게임이다 보니 보통 만원보다는 더 많은 것을 기대하고 오게 되고, 또 지나치게 절제하는 것은 게임에 이롭지 않기 때문에 100만원을 가지고 왔다면 30만원 정도를 기대하는 것이 옳다는 게 필자의 생각이다. 그렇다면 30만원을 이기기 위해서는 어떻게 해야 할까. 만원씩 서른 번을 이기면 되는 것이다.

나에게 어떻게 이기느냐고 물어본 사람들이 내 반문에 웃은 이유는 100만원으로 만원 따는 것쯤 여반장이지 그걸 못하는 사람이 어디 있느냐는 뜻일 것이다. 100만원으로 만원을 따는 게임을 서른 번 하면 가장 만족스러울 목표치인 30%를 이기게 되는 것이다. 그는 이미 어떻게 하면 이기는가를 너무도 잘 알고 있고 그럴 자신도 충분한 것이다. 그런데 왜 웃었을까. 그것을 잘 알면서 왜 내게 답을 구한 것일까.

나는 아주 필사적으로 게임을 하는 사람을 한번 만난 적이 있다. 그 사람은 인생의 모든 것을 도박에 바친 것 같았다. 그는 꺼져가는 촛불의 마지막 심지를 태우고 있었다. 그는 그 게임만은 이겨야 한다고 생각했는지 혼신의 힘을 다하고 있었다. 그는 10,000불을 이겨야 했는데 자신이 가지고 온 돈이 5,000불 정도였다. 그는 5,000불로 100불씩 100번을 이겨야 되겠다고 결심했던 것이다. 물론 그러한 결심은 이전에 무수히 많이 깨어졌던 듯한데, 그날만큼은 이를 악물고 지켜내고 있었다. 그는 100불을 따면 테이블에서 일어나서 방으로 갔고, 한참 시간을 보내다가 내려와서 또 100불을 따면 올라가곤 했다. 그는 그렇게 방에서 카지노 테이블까지 백 번을 왕복했다. 그리고 마침내 10,000불을 땄다.

나는 그 사람을 한국의 강원랜드에서도 본 적이 있다. 우리는 반갑게 악수를 했다. 그가 그날 라스베이거스에서 보인 행동은 그야말로 이기는 비결을 온몸으로 실현한 것이다. 그러나 그도 항상 그럴 수는 없었던 모양이다. 사람은 결코 그렇게 하지를 못하는 것이다. 그렇기 때문에 그 당시 그의 행위가 더욱 빛나는 것이다.

많은 사람들이 도박은 자기와의 싸움이라고 주장한다. 일견 맞는 말 같다. 그러나 이것은 '나는 무조건 지겠다'라는 얘기나 다름 아니다. 왜냐하면 사람은 누구도 자기와의 싸움에서 이길 수 없다. 잘 생각해보시라. 30년 동안 도를 닦은 노승에게 천하절색의 미녀를 발가벗겨서 방에 들여보내면 그 도승이 일 년 내내 외면하고 살 수 있겠는가? 그럴 수 없다. 가장 힘든 싸움이 자기와의 싸움이다. 종국에 자기와 싸워 이길 수 있는 사람은 없다. 도박은 자기와의 싸움은 아니다. 물론 견뎌야 하는 부분이 있다. 그것은 지혜와 인내와 기술과 무엇보다도 자신을 '이기는 사람'으로 만드는 많은 습관에 달려 있다. 어찌되었든 요즘도 나에게 이기는 방법을 가르쳐 달라고 묻는 사람이 있고, 나는 똑같이 대답을 해준다.

"100만원으로 만원은 이길 수 있습니까?"

그들은 여전히 피식 웃는다. 100만원으로 만원도 못 따는 사람이 있습니까?

진 킴

secret 1
카지노의 비밀

블랙잭에서 바카라로
이동하는 카지노

카지노가 점점 흉포화되고 있다.

슬롯머신slot machine(동전을 넣고 하는 카지노 게임)만 봐도 이제는 더 이상 과거처럼 맥주 한 병을 들고 이 세상에서 가장 편한 자세를 취한 채 팔을 뻗어 손잡이를 당기며 잭팟jackpot(한동안 쌓여 있던 거액의 돈에 당첨되는 일)이 나오면 좋고 안 나와도 즐겁다는 식의 기계는 없다.

지금의 슬롯머신은 초정밀의 전자 칩이 내장돼 돈을 먹는 속도가 워낙 빠른데다 철두철미하게 카지노가 입력한 설계대로 작동해 과거처럼 기계만 잘 고르면 잭팟이 안 나오더라도 긴 시간을 적당히 즐길 수 있으리라 여기면 낭패를 보기 십상이다.

테이블 게임table game(블랙잭, 바카라, 포커 등 테이블에 앉아서 하는 게임) 역시 담배를 꼬나문 채 패스pass를 할지 스플릿split을 할지 주변의 눈치를 살피고 심지어는 딜러의 조언을 구하기도 하며 즐기던 과거의 그 게임이 아니다.

현대의 카지노는 무서운 속도로 돈을 빨아들이기 위해 전통적 종목이던 블랙잭 대신 바카라 위주로 게임이 바뀌고 있다. 특히 아시아의 카지노에서는 수백 개의 바카라 테이블이 있음에도 블랙잭 테이블은 5개도 안 되는 경우가 있으며 새로 생기는 카지노들은 아예 블랙잭 테이블을 하나도 놓지 않고 모두 바카라 테이블만을 들여놓기도 한다.

바카라는 게임의 성격상 깊이 빠져들 수 없는 블랙잭과 달리 틀림없이 이길 수 있다는 환상을 일으켜 한 번 알게 되면 자력으로는 도저히 빠져나올 수 없도록 만들어져 있다.

그래서 세상에는 죽이고 싶은 사람이 있으면 바카라를 알게 하라는 말도 있을 정도다.

카지노가 이렇게 바카라 쪽으로 게임의 중심을 이동시키자 비극적 파탄을 맞게 되는 사람들의 숫자가 기하급수적으로 늘게 되었다.

카지노에는 다양한 종목이 있다.

슬롯머신, 블랙잭, 룰렛, 크랩, 각종 포커, 식보, 빠이가우, 빅 휠 등 많은 게임이 있지만 이런 걸 하다 파탄에 이르는 사람은 거의 없다.

파탄을 넘어 자살까지 이르는 사람들은 모두 바카라에 빠진 사람들이다.

이렇듯 과거의 낭만은 헌신짝 버리듯 내던져버리고 오직 돈을 빨아 당기는 괴물로 전락한 카지노의 위험 앞에 현대인은 무방비 상태로 노출되어 있지만 불행히 어떤 백신도 어떤 치료제도 세상에는 없다.

이 책은 카지노의 이모저모를 소개하는 개설서가 아니라 카지노를 다니며 위험에 빠질 가능성이 있거나 이미 위험에 빠진 사람들을 위해 쓰였다.

여기서는 바카라를 중심으로 카지노에서 이기는 방법을 설명하고 있지만 모든 카지노 게임의 본질은 같기 때문에 다른 게임에 적용한다 해도 별반 달라지지 않는다. 필자가 테이블 테크닉과 공식보다 카지노에 들어서기 전에 세우는 전략을 더 중요하게 여기는 이유도 그런 까닭이다. 하나의 공식에 주목하기보다는 처음부터 끝까지 고루 읽고 몸에 익히길 바란다.

카지노의 유형

지구상의 카지노는 크게 라스베이거스식과 마카오식으로 나뉜다. 미국과 남미의 카지노들은 라스베이거스식이고 아시아와 호주, 뉴질랜드의 카지노는 마카오식이다.

그 외에 유럽식이 있긴 하지만 이 유럽식은 한국인들이 빠져들어 파탄을 맞게 될 가능성은 거의 없다.

워낙 멀다는 거리상의 이유도 있지만 카지노 자체가 사생 결단식의 운영방식 대신 사교장의 형식을 갖추고 있어 언어에 약한 사람들이나 확실한 직업을 가진 사람이 아니면 같이 어울려 규모 있는 테이블 게임을 할 기회도 잘 없기 때문이다.

게임을 하기 전에 먼저 팀을 짜야 하는 것도 그렇고 베팅의 한도액이 낮은 것이나 게임 시간이 짧은 것도 큰 승부를 기대할 수 없도록 하는 요인이다.

또한 카지노를 저녁에 열고 밤에 닫기 때문에 병적으로

카지노에 매달리는 사람들이 없고 자연 카지노의 분위기는 도박보다는 사교에 가깝게 된다.

모나코를 도박의 왕국이라 하지만 사실 몬테카를로에는 마카오나 라스베이거스의 시선으로 보았을 때는 변변한 카지노가 하나도 없는 셈이다.

가장 무서운 바카라조차도 유럽에서는 그리 위험하지 않다. 유럽의 바카라는 손님 중 한 사람이 어느 정도 돈을 내걸고 하우스를 하고 손님들이 나누어서 베팅을 하기 때문에 결코 큰 게임이 되지 않는다.

1. 라스베이거스식 카지노

라스베이거스는 문자 그대로 도박의 도시이다.

대형 카지노가 밀집되어 있는 스트립은 물론 다운타운과 주택가의 작은 주점에 이르기까지 도박으로 날이 새고 도박으로 날이 저무는 곳이다.

필자는 기왕 도박을 할 거면 라스베이거스를 권하고 싶다. 마카오나 한국의 카지노에서는 한 마디로 인간의 품위를 찾기가 너무 힘들다. 하지만 라스베이거스에는 세계의 온갖 부호들과 유명인, 권력자, 스포츠맨, 프로 도박사, 비즈니스맨, 관광객 등이 모여들어서 카지노의 분위기도 언제나 사람 위주이다.

각종 컨벤션, 쇼, 스포츠 경기 등도 매일 열리고 술과 음식이 넘쳐나는데다 어느 정도 성숙한 도박 문화가 있다.

게임 테이블에서는 상대에 대한 배려가 있고 카지노 측은 손님에게 최대한의 친절과 예의를 베푼다. 미국 문화란 거칠고 무례한 사람을 결단코 배척하기 때문에 카지노 역시 안전하고 여유가 있다.

특히 라스베이거스의 카지노는 폭력배들이 얼씬도 하지 못하고 손님들이 욕을 하는 경우도 찾아보기 힘들기 때문에 테이블에 같이 앉아 있는 사람에 따라 영향을 받는 섬세한 성격의 소유자에게 좋다.

승부를 하는 사람의 마음은 섬세하고 부드러워야 하는데 거친 분위기에서 거친 사람들과 같이 승부를 하다 보면 그 단순함과 무지함, 그리고 성급함에 영향을 받기 쉽다.

기술적 장점으로는 라스베이거스의 카지노들은 디퍼런스가 크다는 점을 꼽을 수 있다.

디퍼런스란 최저 베팅액과 최고 베팅액 사이의 간격을 말하는데 이 디퍼런스가 클수록 다양하고 기술적인 베팅을 할 수 있다.

라스베이거스의 카지노들은 이 디퍼런스를 보통 게임의 경우 대략 400배, 바카라의 경우는 600배를 주고 있다.

즉, 최저 베팅액이 25달러인 테이블의 경우 최고 15,000달러까지 베팅을 할 수 있는 것이다.

이렇게 디퍼런스가 크면 확률에 근거한 게임을 하기가 좀 더 용이하다.

처음 50달러 베팅을 한 사람이 그게 안 맞았을 경우 50달러를 한 번 더 베팅해 본전을 찾아오는 경우도 있고, 좀 더 공격적으로 100달러를 베팅할 수도 있다. 어느 쪽으로 하든 계속 질 수가 있는데 5, 6회 계속해서 진다 하더라도 디퍼런스가 크면 한 번 베팅으로 진 걸 한꺼번에 다 찾아올 수가 있다.

또한 이 디퍼런스는 게임의 안전도와도 큰 관계가 있다. 카지노 게임에서 가장 위험한 게 풀 벳인데 디퍼런스가 작으면 벳이 자동적으로 풀 벳 부근으로 올라가게 된다.

자세한 것은 나중에 살펴겠지만 이 디퍼런스가 큰 게 라스베이거스 카지노들의 가장 큰 매력이다.

카지노 시크릿

2. 마카오식 카지노

마카오 카지노들의 디퍼런스는 라스베이거스보다는 작지만 대략 100배 이상은 유지하고 있다. 이 정도 차이는 일반 아마 추어들의 게임에 큰 영향이 없기 때문에 마카오 카지노들이 디퍼런스에 문제가 있다고 할 수는 없다.

마카오의 문제는 도시가 너무 작고 볼 것도 없는 데다 같은 중국이라도 마카오 밖으로 나가려면 마치 다른 나라에 가는 것처럼 출입국 심사를 거쳐야 한다는 점이다.

가까운 홍콩에 가는 데도 배나 헬리콥터를 이용해야 하고 출입국 심사를 거쳐야 하니 마카오에는 도박 이외의 목적으로 가기에는 부적절하다.

게다가 미국의 카지노들처럼 다양한 게임이 있거나 카지노 부설의 각종 위락 시설들이 훌륭한 것도 아니다. 바깥은 덥고 습해서 카지노 안에만 있어야 하고 그러다 보니 오직 게임에만 매달릴 수밖에 없다.

그래서 마카오에서는 자기 관리가 더더욱 중요하며 여행 일정을 짧게 잡는 게 필요하다.

대개 보면 처음에 잃으면 시간이 가면서 이겨내는 경우가 많지 않고 이겨낸다 하더라도 종내는 다 잃기가 쉽다. 더군다나 돈은 없고 일정이 길면 무리해서 돈을 송금 받거나 현지의 급한 돈을 쓰기도 쉬워지는 점도 플레이어들에겐 매우 좋지 않다.

짧은 여정은 처음부터 게임이 잘되어 어느 정도 목표를 이루면 돈 관리에도 도움이 된다.

마카오가 가진 최대의 단점이자 장점은 이 도시는 모두 다른 게임에는 눈도 안 돌리고 바카라에 몰두하고 있다는 사실이다.

따라서 돈을 잃기도 쉽고 파탄에 처하기도 쉽지만 게임 테이블을 선택할 수 있는 폭이 아주 넓다. 바카라 게임을 하는 방법 중에는 절대로 테이블에 앉지 않고 그림이 좋은 테이블을 찾아다니는 방법도 있는데 방 하나에 스무 개가 넘는 테이블들을 갖추고 있는 마카오의 카지노들은 그런 점에서는 가장 좋다.

과거 마카오의 카지노들은 매우 불친절하고 손님들이 넘쳐나 마치 시장판 같았지만 요즘은 라스베이거스의 대형 카지노들이 속속 진출하고 있어 전체적인 분위기가 제법 살아나고 있다. 하지만 역시 마카오는 마카오이다. 마카오는 한마디로 돈의 승부를 하는 곳이다. 그런 의미에서 어떤 사람들에게는 카지노 문화가 잘 되어 있는 라스베이거스보다 도박 외에는 아무 것도 없는 마카오가 더 집중이 잘 될 것이다.

아무것도 아닌 것 같지만 라스베이거스식 카지노를 가느냐 아니면 마카오식 카지노를 가느냐에 따라 같은 종목을 하더라도 게임 방식은 물론 베팅 액수도 크게 차이가 난다.

카지노를 위해 만들어진 게임, 바카라

　바카라는 다른 테이블 게임과는 달리 순전히 카지노용으로 만들어진 게임이다. 바카라의 유래에 대해서는 아래와 같은 얘기가 전한다.

　19세기 말 프랑스의 사업가 로캉탱은 독일의 바덴바덴 Baden- baden에 있는 카지노에서 큰돈을 잃었다. 집념이 강했던 그는 카지노에 복수하기 위해 당대 최고의 프로 도박사들을 초청했다. 영국에서 한 사람, 프랑스와 스페인에서 각각 한 사람씩 모두 세 사람의 가장 뛰어난 프로 도박사를 초청한 그는 바덴바덴에 가서 멋진 복수를 해냈다.

　당시 그들은 카지노를 상대로 블랙잭을 했는데 천재적 두뇌와 경험을 지닌 이들 프로 세 사람이 힘을 합하자 카지노는 그 사업가에게 딴 돈은 물론 카지노의 자본이 흔들릴 정도의 어마어마한 돈을 잃었다.

　카지노는 결국 다른 사람에게 넘어갔는데 새로 카지노를

인수한 사람은 독일의 수학자들을 불러 모았다. 그는 수학자들에게 세상 사람 누구나 이길 수 있을 만큼 쉬우면서도 가장 어려운 게임을 만들어줄 것을 주문했다.

독일의 수학자들은 연구에 연구를 거듭한 결과 가장 하기 쉽고 가장 짜릿해 일단 알게 되면 사람이 완전히 망하기 전까지는 절대로 끊을 수 없는 게임을 만들어냈다.

이것이 바로 바카라이다.

민간에서 유행하다 카지노에서 채택되는 블랙잭 등 다른 게임들과는 달리 이 게임은 처음부터 카지노용으로 만들어졌기 때문에 게임의 결과는 반드시 카지노가 이기게 되어 있다. 그러나 손님들에게는 너무나 쉽고 꼭 이길 것 같은 환상을 심어주었다.

따라서 포커의 프로들은 절대 바카라를 하지 않으려 하지만 세상에서 가장 시원하고 통쾌하며 스릴이 있기 때문에 도박을 하는 사람이라면 바카라를 비껴 갈 수 없다.

현재 라스베이거스에서 유행하는 텍사스 홀덤(포커의 일종)으로 돈을 딴 프로들은 결국 바카라에서 다 잃고 마는데 지는 걸 뻔히 알면서도 마치 불나방처럼 달려드는 건 바카라의 마력이 그만큼 강하기 때문일 것이다.

하여튼 바덴바덴의 카지노는 독일의 수학자들이 만들어낸 이 게임을 로캉탱에게 알렸고 로캉탱은 다시 세 사람의 프로를 불러 모았다.

그들은 카지노로부터 날아온 게임의 방법을 이리저리 연구해보고는 너무나 기뻐 죽을 지경이었다. 큰돈을 준비하고 바덴바덴으로 달려간 그들은 역시 손쉽게 너무나 많은 돈을 땄다. 그것은 그들이 평생 해본 게임 중에서 가장 쉬운 게임이었다.

게임이 얼마나 쉬운가 하면 카지노에 처음 온 사람들도 쉽게 큰돈을 땄고 소심한 여자도 땄고 다른 모든 게임에서 한 번도 이겨본 적이 없는 성급한 사람들, 심지어는 술잔을 나르는 여급들도 따게 되어 바카라는 일시에 대성황을 이루었다.

하지만 희한하게도 로캉탱을 비롯한 당대 최고 프로 세 사람은 카지노를 나올 때에는 가져간 돈 모두를 잃은 상태였다. 그들은 자신들이 너무 교만했다고 생각하고는 파리에 가서 다시 큰돈을 준비해왔다. 게임은 지난번처럼 순조로워 지난번 잃은 돈을 삽시간에 되찾았다. 세 사람의 프로뿐 아니라 로캉탱 자신도 큰 자신감을 얻어 프로들과 같이 테이블에 앉아 게임을 했지만 그들에 비해 전혀 손색이 없는 성과를 올렸다. 그러나 이상하게도 이들은 이번에도 결국엔 돈을 다 잃고 말았다.

파리로 돌아와 그 원인을 생각하고 또 생각한 결과 그들은 자신들이 이번에도 너무 교만했다는 걸 깨달았다. 결론이 여기에 이르자 영국에서 온 당대 최고의 도박사였던 로쉴드는 의아한 생각을 떨칠 수 없었다.

그는 신중하고 절제심 많기로 유명했고 테이블에서 교만하거나 마음의 경계를 흐트러뜨리는 일은 없는 사람이었기 때문이었다. 그는 바카라에는 묘한 힘이 있다고 생각했다. 그는 일행들에게 이런 사실을 알렸고 이들은 다음의 승부에서는 서로 자제하고 자제시키면서 게임을 했다.

게임 자체는 너무 쉽기 때문에 이들은 다시 큰돈을 땄지만 이상하게도 그들은 이번에도 돈을 다 잃고 카지노를 나설 수밖에 없었다.

이들의 도전은 일곱 번 반복되었지만 단 한 번도 이기지 못 했고 결국 전 재산을 탕진한 것도 모자라 감당할 수 없는 빚까지 지게 된 로캉탱은 자살하고 말았다.

너무 쉽기 때문에 꼭 이길 것 같은 환상을 불러일으키는 게임 바카라. 하지만 아무도 이길 수 없는 게임 바카라. 그래서 항간에는 죽이고 싶은 인물이 있으면 그에게 바카라를 알게 하라는 말까지 있는 것이다.

그렇다면 바카라는 어떤 게임일까? 다음은 바카라 테이블에 앉기 전에 반드시 명심해둘 사항이다.

1. 초보와 프로 간 차이가 없는 게임

이 세상의 모든 일은 초보와 숙달된 전문가 간에 차이가 있다. 전문가들의 일거수일투족은 초보와 무슨 차이가 나도 나는 법이다. 텔레비전을 고치는 데도 기술자와 보통 사람 간 차이가 있고 회사의 업무도 마찬가지이고 시장에서 운동화를 파는 일도 마찬가지이며 심지어는 집에서 라면 한 그릇을 끓이는 것도 전문가와 비전문가, 숙달된 사람과 보통 사람 간에 차이가 있다.

범위를 바카라와 같은 범주의 게임으로 좁혀보자. 바둑을 예로 들면 이창호 9단의 다음 한 수는 보통 사람과 차이가 나도 하늘 땅 만큼의 차이가 난다. 장기, 포커, 고스톱, 블랙잭 할 것 없이 이 세상의 모든 게임은 프로와 초보 간 차이가 나기 마련이다.

그러나 동전을 하늘 높이 던져 땅에 떨어지게 한 다음 그림이 나올지 숫자가 나올지 알아맞혀야 한다면 여기에는 프로와 초보의 차이가 있을 수 없다.

한마디로 바카라는 그런 게임이다.

동전을 던져 숫자가 나올지 그림이 나올지에 돈을 거는 게임. 이런 게임에 프로와 초보 간 실력 차이가 있을 수는 없을 것이다.

달아서 열 번, 아니 백 번을 맞혔다 하더라도 그 다음에 뭐가 나올지 전혀 알 수 없는 게임이기 때문에 그전에 맞힌 것도 모두 우연일 수밖에 없다.

사람들은 모두 인생살이에 대한 나름대로의 경험도 있고 그 경험에서 나온 감각도 있다. 그래서 많은 사람이 모이면 잘 틀리지 않기 마련이다. 하지만 동전 던지기라면 어떨까?

100명, 1,000명, 아니 수십억 명이 모여 어느 쪽이 나올 거라고 외쳐대도 자신할 수 없다.

바카라는 이토록 불확실한 게임이다. 즉, 기술이 통하지 않는 게임이다. 그러다 보니 이 게임을 하는 사람들은 전혀 검증되지도 않았고 검증할 수도 없는 나름대로의 사설이 많다. 마치 과학이 없던 시대에 무당들이 온갖 말을 무책임하고 무지 하게 해대는 것과 같다.

어떤 사람은 자신의 감이 특별히 좋다고 하고 어떤 사람은 자신의 감이 완전히 엉망이라고 한다. 이러다 보면 시간이 감에 따라 실제로 그걸 믿게 되기도 한다.

처음에는 물론 두 사람 다 틀렸다. 동전을 던져 뭐가 나올지 알아맞히는 일에 도대체 무슨 감이 있단 말인가. 물론 지푸라기 한 가닥이라도 잡고 싶지만 워낙 의지할 것이 없는 가련한 심정에서 이런 말들이 나오는 거지만 본질적으로는 다 틀린 말이다.

필자는 언제나 자기의 감과는 반대로 베팅을 하는 사람을 본 적이 있다. 나중에 설명을 하겠지만 이건 바카라를 하는 매우 훌륭한 한 방법일 수 있다.

또 어떤 마귀들은 테이블의 모든 사람과 시종일관 반대로만 베팅을 하기도 한다. 희한하게도 이것 역시 승률이 매우 높다. 오랜 세월 바카라를 했음에도 불구하고 아직도 자신이 감이 좋다, 혹은 뭐가 나올지 잘 알아맞힌다고 하는 사람도 있다.

물론 영원히 꿈을 깨지 못하는 사람이고 이런 사람은 영원히 잃을 수밖에 없다.

바카라는 프로와 초보의 차이가 전혀 없는 게임, 한마디로 기술이 없는 게임이다. 이 사실을 처절하게 깨달아야만 다음 단계로 나갈 수 있다.

2. 세상에서 가장 쉬우면서 가장 어려운 게임

이기는 기술이 없는 게임이란 이 세상에서 가장 어려운 게임일 것이다. 동시에 초보라도 수십 년 경력의 프로와 같으니 이 세상에서 가장 쉬운 게임이기도 하다.

로봇이 공중에 동전을 던지고 그걸 알아맞히는 데 이 세상 최고의 프로와 이제 갓 카지노에 들어온 사람 간에 차이가 있을 리 없다. 그래서 바카라를 하는 사람들을 보면 초기에는 대략 따는 경우가 많다.

인간이란 워낙 교만한 존재이다 보니 바카라를 갓 시작해 어느 정도 따다 보면 사람들은 자신이 바카라의 달인이라고 생각하기 쉽다. 아니 아예 바카라는 자신을 위해 만들어진 게임이라고 착각한다. 사람들은 처음에 돈을 몇 번 따면 이 세상 다른 무엇을 해도 바카라처럼 쉽게 돈을 딸 수 없다는 선부른 신념으로 자신의 하던 일을 완전히 접고 바카라 승부사로 나서야겠다고 생각한다.

믿기지 않겠지만 실제로 많은 초보들이 이런 생각에 빠져 아예 직장과 사업을 때려치우고 달려드는 경우가 많다. 필자는 많은 의사, 변호사, 심지어는 현직 경찰서장까지 직을 접고 바카라 승부사로 나서는 걸 본 적이 있다. 물론 그들의 말로는 한결같이 비참하기 짝이 없었다.

초보자로 하여금 자신이 최고의 달인이라고 생각하고 모든 걸 접고 뛰어들게 만드는 게임. 바로 그런 이유로 바카라는 이 세상에서 제일 위험한 게임이다.

아예 처음부터 어려우면 희생자가 그리 많이 생길 리가 없다. 처음엔 너무 쉽지만 하면 할수록 길을 찾을 도리가 없으니 바카라야말로 요물 중의 요물이요, 비극 중의 비극이다.

필자는 바카라를 처음 시작하고 나서 50연승 정도를 하다 나중엔 100연패 하는 사람을 본 적도 있다. 가장 쉬우면서도 가장 어려운 바카라의 특성을 한눈에 보여주는 승률인데 이 사람의 승률에서 우리는 하나 느낄 수 있는 게 있다.

그것은 바로 바카라는 완전한 심리 게임이라는 점이다.

즉, 바카라는 오로지 마음의 반영인 것이다. 우리는 여기

카지노 시크릿

서 겨우 바카라를 이길 수 있는 바늘구멍만 한 가능성을 보게 된다.

바카라에서 이기려는 사람들은 앞으로 바카라가 본질적으로는 마음의 반영이라는 사실을 영원히 잊으면 안 될 것이다. 그런 다음에야 비로소 그림에의 집착을 떠나 마음을 갈고닦으며 자신을 돌아볼 수 있기 때문이다.

그러고 나면 승부는 테이블에서 나는 게 아니라 이미 그전에 결정되어 있다는 보이지 않는 사실을 비로소 알 수 있다.

3. 근원적 함정을 내포한 게임

가. 확률로부터 오는 속임수

누구나 수학을 배운다. 수학에는 확률이라는 분야가 있다. 즉, 아무런 기술이 없는 사람이 공중에 무심코 100원짜리 동전을 던지면 숫자가 나올 확률과 인물 그림이 나올 확률은 정확히 반반, 즉 50%씩이라고 배운다.

이 수학 지식은 우리의 뇌 깊숙이 틀어박혀 바카라를 하는 내내 우리를 괴롭힌다. 우리는 동전을 던져 앞면이 한 번 나왔으면 그 다음에도 앞면이 나올 확률은 반 곱하기 반, 즉 반의반이라고 배워 알고 있다. 따라서 동전의 앞면이 두 번 달아서 나올 확률은 4분의 1이고 세 번 달아서 나올 확률은 4분의 1에 또 2분의 1을 합한 값, 즉 8분의 1이라고 생각한다.

이런 수학적 지식은 실제 게임을 할 때 뱅커든 플레이어든 달아서 세 번 혹은 네 번이 나오면 그 다음에는 같은 데 베팅하기를 몹시 망설이게 만든다.

하지만 바카라에는 분명 장패라는 게 있고 어떤 장패는 달아서 일곱 번, 심지어는 열 번도 넘게 나온다.

필자는 과거 마카오에서 플레이어가 달아서 36번 나오는 걸 본 적이 있다. 물론 그 밖에도 수없이 많은 장패를 보았다. 그런데 이 장패가 나올 때 비교적 재미를 보는 사람이 있는가 하면 반대로 장패만 나왔다 하면 순식간에 망하는 사람도 있다.

대개 머리에 먹물이 좀 들었다 하는 사람들이나 초보자는 장패가 나오면 꼭 반대로 베팅한다. 바로 그 확률적 지식 때문이다. 세 개가 달아서 나올 확률이 8분의 1이니 네 개가 달아서 나올 확률은 16분의 1, 다섯 개가 달아서 나올 확률은 32분의 1이다.

카지노 시크릿

그러니 수학이나 확률을 좀 아는 사람들은 당연히 반대로 베팅을 할 수밖에 없다. 게다가 보통 사람들은 한 번 잃으면 그 다음은 더블 다음은 더블의 더블로 베팅을 하기 때문에 장패에 한 번 거꾸로 베팅을 하기 시작하면 순식간에 가진 돈을 다 잃고 만다.

카지노에서 가장 빨리 돈을 잃는 사람은 수학자라는 말이 있다. 다음은 과학자, 그 다음은 박사라는 식으로 가방끈 긴 순서로 빨리 잃는다.

바로 그 얄팍한 확률이라는 수학 지식 때문이다. 그러나 모든 도박의 기본은 확률이기 때문에 이들의 생각이 잘못된 것은 절대 아니다.

이 장패에 대해서는 본문의 이기는 전략 편에서 자세히 다루겠지만 하나 명심할 것은 장패를 무시하지도 맹신해서도 안 된다는 것이다.

대략 경험적으로 보면 모두가 장패가 나오기를 고대하지만 실제로 장패에서 따는 사람은 별로 없다. 인간은 어쩔 수 없는 지식의 포로이기 때문에 잠재의식 깊숙이 내재한 확률이라는 지식으로부터 아주 자유로울 수는 없기 때문이다.

장패를 어떻게 받아들일 것인가. 이것은 바카라 플레이어들의 영원한 숙제가 아닐 수 없다.

나. 그림의 속임수

바카라를 하게 되면 누구나 그림을 그린다. 뱅커가 나왔는지 플레이어가 나왔는지 타이(동률)가 나왔는지를 기록해 망망대해의 나침반으로 삼으려 하기 때문이다. 실제로 이 그림은 대단히 도움이 되기 때문에 사람들은 단지 뱅커가 나왔는지 플레이어가 나왔는지를 표시하는 외에 여러 가지 틀에 따라 각종 다양한 그림을 그린다.

자판을 기록하는 사람도 있고 중국 점을 기록하는 사람도 있으며 숫자를 기록하는 사람도 있고 뱅커가 나오는 모양이나 플레이어가 나오는 모양만 따로 그리는 사람도 있다.

이렇게 그림을 그리다 보면 사람들은 거기에서 나름대로 규칙을 발견한다. 그러고는 자신이 발견한 규칙에 의해 다음에 뭐가 나올지를 예측하는 것이다. 가령 뱅커-뱅커-플레이어가 나온 후 다시 뱅커가 나오면 사람들은 다음에는 뱅커가 나온다고 해석한다. 즉, 뱅커-뱅커-플레이어를 패턴으로 잡는 것이다.

그러나 실제는 어떨까? 다음에 뱅커가 나올 확률이 100%

는 아니라도 70% 정도는 되는 것일까? 아니 51% 이상이라도 되는 것일까? 물론 아니다. 그 확률은 바카라라는 게임을 만들 때 만들어둔 규칙에 따른 확률에 불과하다.

조금 후에 설명하겠지만 바카라는 규칙상 뱅커가 나올 확률이 플레이어가 나올 확률보다 1.2% 정도 많다. 하지만 이것도 무수히 많은 횟수의 게임을 했을 때의 평균값이다. 단 한 판을 보자면 뱅커와 플레이어가 나올 확률은 정확이 50% 대 50%이다. 장패에서도 플레이어가 달아서 36개 나왔다 하더라도 그 다음에 또 플레이어가 나올 확률은 50%인 것이다.

그림은 이처럼 믿을 수 없는 교과서이다. 하지만 그림이 아주 무용한 것은 아니다. 이것을 기록해야 뱅커와 플레이어가 나오는 흐름을 알 수 있다. 바카라는 어떤 때는 뱅커가 강세, 어떤 때는 플레이어가 강세인 경우가 있으므로 그림은 아주 도움이 된다.

그러나 그림은 거기까지가 한계이다. 어떤 사람들은 그림의 패턴을 맹신한 나머지 패턴에 따라 가진 걸 다 때리기도 한다. 물론 가장 어리석은 행위이면서 영원히 패자가 되는 길이다. 항상 그림을 경계하는 마음을 늦추어서는 안 된다.

그림이야말로 바카라의 근원적 함정인 것이다.

또 하나 그림을 믿어서는 안 되는 확실한 이유가 있다. 그림 의 패턴은 깨지기 마련인데 그림을 따라 베팅하면 그림이 변할 때마다 무조건 지게 된다. 즉 뱅커-뱅커-플레이어의 패턴을 읽었다면 그게 변하는 순간의 첫 베팅은 언제나 실패한다.

따라서 그림이 없이 베팅을 하게 되면 확률의 법칙에 따라 50%는 맞힐 수 있지만 어떤 경우는 그림에 따라 베팅을 하기 때문에 50%보다 못 맞히는 경우도 많다.

그림, 속칭 가짜 교과서. 이것을 어떻게 보아야 할 것인지도 바카라 플레이어의 숙제임에 틀림없다.

나중에 설명하겠지만 참고삼을 정도만 그림을 받아들이는 게 가장 좋을 것이다.

4. 5% 커미션의 속임수

바카라는 뱅커에 베팅을 해서 이겼을 경우 카지노 측에서 5%의 커미션을 가져간다. 하지만 플레이어에 베팅을 해서 이겼을 경우는 커미션이 없다.

이것은 왜 그런가 하면 룰이 뱅커에 약간 유리하게 되어 있기 때문이다. 그렇다면 뱅커는 플레이어에 대해 과연 얼마나 유리할까? 수학적 계산은 너무 복잡하고 지면을 많이 차지해 여기서 생략하지만 그 차이는 1.2% 정도이다.

그러니 정확하게 계산한다면 뱅커에 가서 이겼을 경우에는 1.2%의 커미션을 떼야 할지도 모른다. 하지만 이 세상의 모든 카지노는 뱅커에 베팅해서 이긴 고객에게 5%의 커미션을 뗀다. 이런 룰은 엄청난 혼란을 야기한다. 사람들은 뱅커가 플레이어에 비해 월등히 유리한 줄로 착각하게 되고 주로 뱅커에 베팅하게 되는 것이다. 실제로 카지노에서 뱅커가 많이 나온 슈는 사람들이 많이 따고 플레이어가 많이 나온 슈는 손님들이 대개 잃는다.

1.2%의 차이라면 어느 정도가 될까?

플레이어가 100번 나올 때 뱅커가 101번 정도 나온다는 얘기이다. 카지노 게임에서 한 슈에 70핸드 정도 나올 경우라면 뱅커가 채 한 번 더 나오지도 못한다는 얘기이니 뱅커가 유리할 것도 없다.

하지만 뱅커 5% 커미션은 실제로는 엄청난 착각을 유도해 플레이어가 많이 나오는 슈는 무조건 카지노 측에 유리하다. 실제 세어보면 한 슈에 뱅커와 플레이어가 나오는 빈도

수는 거의 같은데도 말이다.

하지만 풀 베팅을 하는 경우 사람들은 심리적으로 뱅커를 선호할 수밖에 없는 측면이 있다. 그러므로 이 함정은 그리 간단하게 극복되지 않는다.

플레이어를 좋아하긴 어렵더라도 플레이어를 경시하는 정도까지 가서는 안 된다는 걸 명심하기 바란다.

5. 돈의 흐름이 급한 게임

이 세상 모든 도박 중에는 바카라가 돈의 흐름이 가장 급하다. 베팅을 하고 동전의 한 면이 나오거나 홀짝이 나오는 것만 기다리는 게임과 같아 생각할 것이 전혀 없고, 일단 베팅한 후 면 불과 몇 초 사이에 승패가 나오기 때문에 돈의 이동도 빠르고 자연히 베팅도 커진다.

라스베이거스의 카지노에서는 바카라 테이블 하나의 수입이 블랙잭 100개의 수입보다 나은 경우가 많으니 바카라가 어떤 게임인지 잘 알 수 있다.

이렇게 흐름이 급하다 보니 플레이를 하는 사람이 자연히 그 게임의 흐름에 휩쓸리게 된다. 딜러는 불과 10초도 안 되는 사이에 카드를 다 나눠주고 5초도 안 되는 사이에 승부가 나버 리니 나머지 시간은 딜러와 카드가 손님이 베팅하기만을 기다리는 모양새가 된다.

이런 급한 흐름은 무엇보다도 베팅액을 높이게 된다. 가뜩이나 베팅이란 것 자체가 자꾸 높이게 되어 있는 속성이 있는데다 이렇게 흐름이 급하다 보니 손님들은 베팅의 속도를 조절하지 못하고 빨리 잃는 경향이 많다.

게다가 노련한 딜러는 손님의 심리를 잘 알기 때문에 위에서 지시를 받으면 은연중에 게임의 흐름을 조절하기도 한다.

그래서 라스베이거스나 마카오의 카지노에서는 사람들이 모여서 게임하기를 좋아한다. 하지만 한국의 강원랜드에는 매너가 나쁜 사람들이 종종 있기 때문에 홀로 떨어져 게임하는 사람도 드물지 않게 있는데 이런 사람은 불리할 수도 있다.

바카라는 워낙 흐름이 빨라 몇 시간 동안 조심조심해 이긴 돈을 자칫 잘못하면 불과 몇 분 안에 다 잃기도 하기 때문에 게임을 하면서 게임의 흐름이 어떤가를 자주 의식하는 것은 아주 중요하다.

하지만 대부분의 한국 사람들은 기분에 좌우돼 게임을

하는 경우가 많고 지는 경우 감정적으로 받아들여 성질을 부르기 때문에 이런 흐름을 눈치채기는커녕 자신이 불리한 흐름을 조장한다.

뱀이 혓바닥을 공기 중에 내밀어 온도와 습도를 느끼고 먹이의 냄새를 느끼듯 가끔 목을 뒤로 젖히고 이 게임의 흐름이 자신이 목표하고 온 게임의 모양과 일치하는지 완전히 어긋나 있는지를 생각하는 것이 중요하다.

6. 변화가 빠른 게임

바카라는 봄과 가을이 없이 여름과 겨울이 교차하는 기후와 닮은 부분이 있다. 조금 전까지 뱅커의 흐름이 거세다 갑자기 플레이어의 흐름으로 순식간에 뒤바뀌기 때문에 여기에 빨리 적응하지 못하면 그 즉시 파멸할 수 있다.

사람들은 그림을 열심히 그리며 흐름을 대략 판단해 거기에 기반을 두고 베팅을 한다. 하지만 이 흐름은 순간순간 거짓말처럼 변하는데 이런 경우 달아서 세 번 혹은 네 번, 심한 경우는 다섯 번 여섯 번까지 맞히지 못하는 경우는 허다하다.

인간은 감각적으로 변화에 적응을 하는 데 시간이 걸린다. 때문에 그림이 변한다는 느낌이 올 때는 급히 베팅을 멈추고 상황을 주시해야 한다. 하지만 이게 말처럼 쉬운 일이 아니다. 큰 베팅을 하던 사람의 경우는 이미 마음이 상당히 급해져 있기 때문에 이런 경우를 만나면 과거의 패턴에 따라 계속 베팅을 하기 십상이고 순식간에 망하곤 한다.

이런 변화에 대응하는 방법은 특별한 게 없기 때문에 평소에 이런 경우도 염두에 둔 안전한 게임 법을 익혀두는 게 필요하다.

그렇다면 바카라에 안전한 게임 법이 있는가가 문제의 화두인데 이것은 바카라라는 게임을 어떻게 보느냐의 문제로 귀착된다. 즉, 바카라를 그림을 쫓아가면서 다음에 무엇이 나올까를 맞히는 게임이라고 보는 한 해답은 없고 결국 바카라에서의 승리란 없다는 얘기가 된다.

물론 어느 한때 이기는 경우는 당연히 있을 것이다. 하지만 바카라라는 게임은 보통 사람의 경우 일단 알게 되면 더 이상 게임할 돈이 없을 때까지는 자신의 힘으로 헤어날 수 없는 게임이므로 그런 시각으로 바카라를 보게 되면 종내는 패자가 될 수밖에 없다.

유럽 최고의 도박사 세 사람을 완전히 망하게 해버린 무서운 게임 바카라. 이 바카라를 보는 본질적 시각을 다음과 같이 교정할 필요가 있다.

바카라는 어떻게 이기느냐의 게임이 아니라
어떻게 돈을 관리하느냐의 게임이다.

이러한 시각이 종국에 당신을 그 무서운 연패의 수렁에서 끌어내고 당신의 가정을 파멸로부터 보호해줄 수 있기 때문이다.

카지노 시크릿

바카라는 작은 테이블에 앉아서 하는 미니 바카라와 큰 테이블에서 하는 빅 바카라가 있다. 간혹 영화에서 큰 테이블 주위에 많은 사람들이 앉아 딜러로부터 카드를 두 장 받아 승부를 겨루는 게 바로 이 빅 바카라이다.

미니 바카라든 빅 바카라든 룰은 똑같다. 다만 미니 바카라에서는 딜러가 손님에게 카드를 돌리지 않고 자신이 카드를 오픈한다. 미니 테이블이지만 손님이 카드를 받기도 하는데 이것을 미디 바카라라고 부르기도 한다.

카드는 카지노의 셔플 룸에서 셔플이 되어서 오는 경우가 대부분이지만 딜러가 테이블에서 카드 여덟 목을 열어 직접 셔플하기도 한다.

딜러가 셔플을 마치면 손님 중 한 사람이 커트를 하고 딜러는 카드를 케이스 안에 넣어 매 핸드마다 넉 장에서 여섯 장사이를 꺼내게 된다.

포커나 블랙잭과 달리 손님은 룰에 따라 카드를 받거나 딜러가 오픈하는 걸 바라보기만 할 뿐 카드를 더 받을지 말지를 선택하지 못한다.

즉, 카드는 딜러가 셔플을 마치고 손님이 커트를 하는 그 순간부터 첫 핸드부터 마지막 핸드까지의 운명이 정해져 있는 것이다.

각 손님들이 앉은 테이블 앞에는 뱅커Banker라고 쓰인 공간이 있고 그 옆에 플레이어Player라고 쓰인 공간이 있다. 손님들은 여기에 칩을 올려놓음으로써 벳을 하는 것이다. 즉 손님은 '뱅커'나 '플레이어'에 벳을 하는 것이다.

이 밖에 타이Tie라는 공간도 있는데 물론 여기에 칩을 놓으면 카드가 뱅커도 플레이어도 아닌 동률이 나왔을 때 지불받는다.

손님들은 자신의 감각과 생각에 따라 벳을 하는데 어떤 경우는 모두가 한곳으로 가기도 하고 어떤 경우는 나뉘기도 한다. 손님끼리 나뉜다 하더라도 손님끼리 승부를 다투는 건 아니다. 모든 손님들은 항상 카지노와 일대일로 겨루는 것이다.

내가 뱅커에 벳을 했는데 룰에 따라 카드가 오픈된 결과 뱅커가 나오면 내가 베팅한 만큼을 딜러로부터 지불받고 플레이어가 나오면 베팅한 칩을 딜러에게 잃는다.

뱅커에 벳을 해서 이겼을 때는 베팅액의 5%를 커미션으로 딜러에게 주어야 하고 타이에 벳을 했을 경우에는 여덟 배를 지불받는다.

딜러는 슈 케이스에서 카드를 한 장씩 꺼내는데 먼저 플레이어의 카드를 한 장 꺼내고 다음에는 뱅커의 카드를 한 장 꺼낸다. 차례에 따라 한 장씩 더 꺼내 자신의 앞에 놓았다가 미니 바카라인 경우에는 딜러가 카드를 오픈하고 빅 바카라인 경우에는 손님 중 가장 돈을 많이 베팅한 사람에게 카드를 넘겨준다.

손님들 모두가 한쪽으로 베팅했을 경우에 나머지 한쪽의 카드는 딜러가 갖고 오픈한다.

손님끼리 뱅커와 플레이어로 나누어 베팅을 했을 때는 그중 가장 많은 돈을 베팅한 사람들에게 대표로 카드를 보낸다. 손님들은 자신이 받은 카드를 오픈하는데 플레이어 카드를 잡은 사람이 먼저 오픈한다. 카드는 조심스럽게 스릴을 맛보면서 열어도 좋고 그냥 휙 던져도 좋다.

두 장의 카드는 합해 9에 가까운 사람이 이긴다. 두 장의 카드로 바로 승부가 가려지는 경우도 있고 플레이어만 한 장 더 받는 경우도 있고 뱅커까지 한 장 더 받는 경우도 있다. 즉, 카드 4장으로 결판이 나기도 하고 5장 혹은 6장으로 결판이 나기도 한다.

먼저 플레이어의 카드 두 장이 합해 6, 7, 8, 9의 수를 잡았을 때는 스탠딩이라고 해서 더 이상 카드를 받지 않는다. 이때 뱅커 카드의 합이 6, 7, 8, 9일 때는 역시 뱅커도 더 이상 카드를 받지 않은 채 그걸로 승부를 결정짓는다.

하나라도 높은 수를 가진 측이 이기고 쌍방이 잡은 수가 같으면 타이로 그 핸드의 게임은 끝이다.

그러나 뱅커 카드의 합이 6, 7, 8, 9 중의 하나가 되지 않을 때는 뱅커만 카드 한 장을 더 받아 승부를 결정짓게 된다. 하지만 예외가 있는데 뱅커가 세 번째 받은 카드까지 합해 6이나 7이 되면 플레이어도 다시 한 장을 더 받는다. 에이스는 1로 치고 10과 J, Q, K와 같은 그림은 0으로 친다.

플레이어 카드 두 장의 합이 5 이하일 때는 플레이어가 한 장을 더 받는데 단 이 경우라도 뱅커가 8이나 9를 잡았을 때는 한 장을 더 받지 못하고 바로 진다.

플레이어 카드의 합이 5 이하라 한 장 더 받는 경우 뱅커 카드의 합이 1, 2, 3일 경우는 뱅커도 무조건 한 장을 더 받는데 다만 뱅커가 3이고 플레이어의 세 번째 카드의 합이 8, 9일 경우우는 한 장을 더 받지 않고 바로 승부를 결정한다.

뱅커 카드 두 장의 합이 4 이상이고 플레이어의 세 번째 카드가 0, 1, 8, 9일 때는 뱅커는 다시 한 장을 더 받지 않고 두 장으로 승부를 결정한다.

게임 방법 요약

점수 계산

2, 3, 4, 5, 6, 7, 8, 9는 카드에 표시된 숫자 그대로 계산하고 10, J, Q, K는 0으로 A는 1로계산한다. 만일 두 카드 숫자의 합계가 9보다 크면 마지막 자릿수로 계산한다. 예를 들어 합계가 16인 경우는 6, 12인 경우는 2이다.

베팅이 끝나면 플레이어와 뱅커 측에 각각 카드가 2장씩 나눠지는데, 이때 2장의 점수만으로 승패가 결정되기도 하고 한 장을 더 받기도 한다. 세 번째 카드를 받는 경우는 플레이어 측과 뱅커 측이 조금 다르다. 그 규칙은 다음과 같다.

플레이어 측

플레이어 측 처음 2장 카드 합	규칙
0, 1, 2, 3, 4, 5	한 장의 카드를 더 받음
6, 7	스탠드Stand
	카드를 더 이상 받지 않고 뱅커와 승부를 겨룸
8, 9	내추럴Natural
	플레이어와 뱅커 모두 추가 카드를 받지 않고 승부를 겨룸

뱅커 측

뱅커 측	플레이어 측	플레이어 측
처음 2장 카드 합	세 번째 카드가 아래의 경우 추가 카드 한 장 받음	세 번째 카드가 아래의 경우 추가 카드를 받지 않음
3	0, 1, 2, 3, 4, 5, 6, 7, 9	8
4	2, 3, 4, 5, 6, 7	0, 1, 8, 9
5	4, 5, 6, 7	0, 1, 2, 3, 8, 9
6	6, 7	0, 1, 2, 3, 4, 5, 8, 9
7	스탠드Stand	
	카드를 더 이상 받지 않고 뱅커와 승부를 겨룸	
8, 9	내추럴Natural	
	플레이어와 뱅커 모두 추가 카드를 받지 않고 승부를 겨룸	

secret 2
카지노 밖에서의 전략

카지노 게임을 하는 데 있어서 가장 명심해야 할 것은 카지노 게임은 테이블에서 돈을 따는 기술로는 절대로 정복되지 않는다는 사실이다. 아니 아예 테이블에서 돈을 따는 기술이란 없다. 카지노는 항상 손님이 잃도록 설계가 되어 있기 때문이다.

　아무리 게임을 잘해도 결국은 잃게 되어 있는 것이 바카라라는 점을 반드시 명심하고 다음 단계로 나아가야 한다.

　그렇다면 틀림없이 잃게 되어 있는 바카라를 연구한다는 것이 무의미하지 않은가 하는 생각이 들지도 모른다.

　그러나 인간이란 위대한 존재이다. 조상은 비록 연약하고 초라했을지 모르지만 인간은 결국 지구 모든 종의 꼭대기에 올라섰음은 말할 것도 없고 이제는 무한한 우주로 그 영역을 뻗쳐나가고 있다. 이렇듯 위대한 인간이기 때문에 마음만 먹으면 어떤 불가능한 일도 극복할 수 있는 지혜를 찾아낼 수 있다. 그러면 결국은 지게 되고 마는 이 바카라를 정복하기 위해서는 어떤 지혜가 필요한 것인가?

그리 간단하지는 않지만 틀림없이 방법은 있다. 그리고 그 방법은 우선 테이블에 앉기 전 카지노 밖에서 강구되어야 한다. 테이블에 앉아서 게임을 한다는 것은 결과를 확인하는 것이라야지 테이블에 좋은 패가 떨어지기만을 기다려서는 결코 이겨내지 못한다.

처음부터 끝까지 바카라를 운으로 생각하는 사람이 있다면 그 사람은 절대로 바카라를 해서는 안 될 것이다. 왜냐하면 사람이 항상 운이 좋을 수는 없고, 도박이란 원래 딸 때는 조금, 잃을 때는 가진 것 모두를 잃는 것이기 때문이다.

바카라를 정복하기 위해서는 운 좋으면 따고 운 나쁘면 잃는다는 그런 무책임한 태도가 아니라 항상 이기려는 결의, 항상 이기려는 준비를 해야 할 것이다. 그리고 그 준비는 절대적으로 카지노 밖에서 이루어져야 한다. 그러므로 나는 우리 독자들이 카지노 안에서의 테이블 테크닉보다는 오히려 카지노 밖에서 할 일을 성실하게 수행해 자신을 항상 '이기는 인간'으로 가꾸어가기를 바란다.

과거를 잊어라

바카라를 한번 알게 되면 그 긴장감과 스릴은 말할 것도 없고, 잃고 따고에 따라서 현실적 결과가 워낙 크기 때문에 누구나 헤어나기 힘들다.

이 세상에는 마약보다 무서운 게 도박이라는 말이 있고, 도박 중에서도 바카라는 그야말로 한번 알면 완전히 망하기 전까지는 끊기 힘들다. 그만큼 바카라는 편하고 자유롭고 가능성이 많아 보인다.

그러나 경험상 바카라를 하는 사람은 거개가 재산을 다 잃고 패가망신하고 마는 것을 나는 알고 있다. 이 현실을 극복하기 위해 많은 사람들이 이제껏 축적해온 인간의 이성과 경험과 상상력을 동원해 이기는 방법을 찾고자 하는 것이다.

카지노에 처음 들어가는 사람 말고는 누구나가 다 과거에 대한 기억이 있을 것이다. 딴 사람도 있을 테고 잃은 사람도 있을 테고, 한두 번의 짧은 과거가 있기도 할 테고 수십 수백, 수천 번의 긴 과거가 있기도 할 것이다. 대략 카지노에 여러 번 출입하는 사람의 경우 딴 기록보다 잃은 기록이 많을 것이다.

인간은 기억의 동물이다. 인간의 뇌 구조는 아주 사소한 것까지 정확하게 기억하도록 되어 있고 특히 이런 바카라와 같은 자극적이고 예민한 게임에 대한 기억은 뇌 속 깊숙이 뚜렷하게 간직되어 있다.

그런데 이 과거의 기억이 두고두고 이후의 게임에 아주 결정적인 장애를 끼친다.

결론부터 얘기하자면 바카라를 하는 사람들은 카지노에 들어서는 그 순간부터 과거를 완전히 잊어야 한다.

과거에 잃은 돈의 무게는 사람을 짓누른다. 누구나 잃은 돈을 생각하고 게임을 하면 마음이 급해지기 마련이다. 도박을 해서 잃은 돈은 의미 있게 쓴 돈이 아니기 때문에 더 더군다나 아깝다. 게다가 잘못된 이해에 의해 그것이 운이 나빠서 잃었다고 생각되기 때문에 아깝고 강한 복수심이 생겨나 게임을 하 는 내내 그 잃은 돈을 찾아야 한다는 강박관념이 머릿속을 꽉 채우게 마련이다. 이 강박관념이 게임을 어렵게 하는 것이다.

바카라를 하는 모든 사람들은 카지노에 들어서는 그 순간 과거의 기억은 모조리 잊어버려야만 한다. 오늘 처음으로 카지노에 들어왔다고 생각하는 것이 게임에 크게 도움이 된다. 그러면 과거에 잃어버린 돈은 어떻게 생각할 것인가? 그것은 투자 자본으로 생각하라.

무슨 일을 하든 먼저 투자를 해야 수익이 발생할 것이다. 그러니 이제껏 여러분들이 잃은 돈은 투자를 했다고 생각해야 한다. 어떤 장사든 어떤 사업이든 먼저 투자를 하고 그 다음 시간을 많이 들여서 투자한 돈을 회수하고 그러고 나서 돈을 버는 것이다. 그 투자한 것을 한 번에 다 찾으려고 하면 할 때마다 질 수밖에 없다.

삼성전자가 반도체 공장에 10조를 투자했다고 해서 하루 만에 그 10조를 다 벌어들이겠다고 하겠는가. 시간이 필요하다. 바카라에도 시간이 필요한 것이다.

그러므로 사람을 조급하고 과격하게 만드는 과거의 기억은 머릿속에서 완전히 지워버려야 한다. 카지노에 들어서는 순간 자신이 과거의 기억에 의해 지배당하고 있거나 영향을 받고 있다고 생각하면 발걸음을 되돌리는 것이 좋다. 벤치에 앉아 차분히 산과 숲과 나무를 바라보며 세상의 원리를 생각하라. 그 어느 것도 하루아침에 이루어지는 것이 없기 때문에 차분히 마음을 달래고 과거를 잊고 충분히 여유로워졌다고 생각될 때 비로소 카지노에 들어서야 한다.

그렇지 않으면 어떤 전략도 어떤 계획도 다 무용한 것이 되고 만다.

과거를 잊는 것, 자신이 이제껏 많은 시간과 돈을 들여 바카라에 투자를 하고 이제 처음으로 본격적인 영업을 하러 카지노에 들어선다는 그런 신선하고 진지하고 조심스러운 태도가 바카라 승부에 결정적 영향을 미치는 것이다.

잃었을수록 더 과거를 잊어라.

주변 정리를 하라

도박을 하는 많은 사람들은 감정에 휩싸이게 된다. 그래서 이성적인 판단을 하지 못하고 한 번 휩쓸리면 파멸의 순간까지 직행해버리고 만다.

장사나 사업을 하는 것처럼 바카라를 대하면 기분에 사로잡혀 게임을 할 때와는 방법도 목표도 훨씬 달라진다. 무엇보다 감정으로부터 자유로워진다.

우리가 회사에서 일을 하려고 할 때에 채권자가 매일 회사에 찾아와 사무실에 버티고 있으면 어떤 일도 할 수 없을 것이 다. 그래서 일에 방해가 되는 일체의 것에 대해서는 미리 정리를 해야 한다.

바카라 역시 마찬가지이다. 주변 정리가 전혀 안 된 채로 테이블에 앉으면 백전백패할 수밖에 없다. 물론 운이 좋아서 또는 어떻게 잘 맞아서 돈을 딸 수도 있다. 그러나 문제는 바카라는 따고 그만둘 수 있는 게임이 아니다. 오히려 따면 딸수록 더 집착하고 더 떠나지 못하는 게임이기 때문에 한때 이기는 것은 아무 의미가 없다.

항상 이기는 사람으로 자신을 바꿔나가야 하는 것이다. 그렇기 때문에 주변 정리를 하고 마음의 평화를 얻은 후에 게임을 하는 것이 당연하다. 많은 사람들이 쫓기는 상황에서 게임을 하기 때문에 마음이 느긋하고 여유롭지 못하다. 그래서 게임은 급할 수밖에 없고 한번 잘못 풀려나가면 하면 할수록 돈을 잃는다.

그리고 이런 식의 게임은 몸에 배기 때문에 급속히 파멸로 직행하는 경우가 허다하다.

그럼 주변 정리란 무엇을 말하는 것일까.

우선 가족의 마음을 편하게 해주어야 한다. 아무리 억압적으로 가족을 누르거나 거짓말로 잠시 마음을 편하게 한다 해도 인간은 극도로 예민한 동물이기 때문에 그것이 늘 마음에 남아 있다. 그러니 진정한 마음의 평화를 얻기 위해서는 문제를 보다 근원적으로 해결해야 한다.

주변에 갚아야 할 돈이 많으면 우선 그 문제부터 해결하라. 근원적 해결이 어려우면 충분한 대화를 통해서 최소한 편안한 시간이라도 벌어야 한다.

이것을 하지 못하면 스스로가 불안하고 또 급하기 때문에 결코 바카라에서 이기지 못한다.

참고로 한마디 하자면 어려울 때는 정직이 제일이다. 사람이 정직하게만 살기는 쉽지 않지만 그러나 애초에 정직으로 시작하는 것이 좋다. 지키지 못할 약속을 하게 되면 스스로 포로가 되어 자멸하고 만다.

돈이 없으면 돈이 없다고 당당하게 얘기하고 무책임한 날짜 약속을 하지 말아야 한다. 당장 편하다고 해서 갚지도 못할 돈에 대해서 날짜 약속을 하는 것 자체가 거짓말이기도 하고 그렇게 되면 스스로가 그 거짓말의 포로가 되어 아무것도 할 수 없게 된다.

이런 상태로 운을 바라고 카지노에 들어선다면 몇 번은 성공할지 모르지만 결국은 모든 것을 다 잃게 되는 것이다.

먼저 주변을 깨끗이 정리하라. 깨끗이 되지 않으면 최소한 마음의 평화를 얻을 수 있는 충분한 시간을 벌어라.

그리고 나서 카지노에 들어서야 한다.

차를 타기 전에
게임을 설계하라

　어떤 사람들은 카지노에 간다는 생각만으로도 마음이 들 뜨고 흥분한다. 또 어떤 사람은 마치 소가 도살장에 들어갈 때처럼 기가 죽고 풀이 죽어서 맘속으로 온갖 갈등을 겪으며 카지노로 들어선다. 워낙 많이 잃은 데다 할 때마다 진다면 당연히 그렇게 된다.

　이런 태도는 둘 다 버려야 한다. 우선 게임을 해야 되겠다고 생각하는 그 순간 감정을 버리고 이성적으로 자신의 게임을 설계해야 한다. 게임을 할 수 있는 시간은 얼마이고 게임을 하기 위해서 가지고 갈 수 있는 돈은 얼마이고 또 이기고자 하는 목표액은 얼마인가를 분명하게 머릿속에서 그려야 한다.

　그렇지 않고 게임이 잘 되면 더 밀어붙이고 게임이 안 되면 쉰다는 식은 곤란하다.

　사업을 하든, 장사를 하든, 전쟁을 하든 목표를 분명히 해

　　　　　　　　　　　　　　　　　카지노 시크릿

야만 계획을 짤 수 있다.

바카라도 마찬가지로 계획을 짜고 검토한 다음 충분히 숙지해야만 이길 수 있다. 계획도 없이 그냥 게임에 임하면 기분에 치우치거나 감정에 사로잡히거나 예상치 못한 어떤 돌발적인 상황에 흔들려 게임을 그르치기 십상이다.

많은 사람들이 카지노에 가지만 확고하고 분명한 계획을 세워서 가는 사람은 드물다. 계획을 세운 사람이라 하더라도 대충 세우는 것이다. 그러나 바카라는 돈과 직결된 것이고 돈은 사람의 마음을 순간적으로 뒤흔들기 때문에 이미 카지노에 가겠다고 생각하는 그 순간부터 자신이 어떤 목표를 가지고 어떤 모습으로 돌아올 것인가를 생각해 머릿속에 깊이 각인해두어야 한다.

이런 게임의 설계가 완전히 이루어졌을 때라야만 우리는 구체적인 게임 방법을 선택할 수 있다. 복잡하게 생각할 것 없이 당장 건물을 짓는다고 생각을 하자. 건물을 지을 때에 설계도 없이 짓는다면 지을 수도 없거니와 지어도 금방 무너지고 말 것이다. 마찬가지로 바카라도 설계도를 먼저 만드는 것이 중요하다.

설계도에는 내가 얼마간 카지노에 머무르면서 게임을 할

것이고 이번 전투에서 얼마를 목표로 할 것인가 하는 것들을 분명히 해야 한다. 이런 계획 없는 카지노행은 설계도 없이 건물을 짓는 것과 꼭 같다. 설계도가 정밀해야 하듯이 자신의 계획도 아주 정밀해야 한다. 대충 잘 되면 더 하고 안 되면 쉬지 하는 식은 계획을 세우지 않는 것과 별반 다름이 없다.

카지노 밖에서 결정한 걸
카지노 안에서 바꾸지 말라

인간을 호모사피엔스homo sapiens라고 한다. 지혜, 사색의 동물이란 뜻이다.

인간은 조용히 사색할 때에 최고의 결론을 끄집어 낼 수 있다. 머릿속으로 수없이 많은 시뮬레이션을 거듭하며 문제가 있는 것은 개선하고 또 새롭게 생각해보고, 생각지 못 했던 문제가 새로이 발생하면 거기에 대한 개선점을 찾아내는 것, 이것이 바로 인간의 역사가 발전해온 원리이다.

헤겔은 이런 역사 발전 법칙을 가지고 변증철학을 전개했고, 정반합의 탄탄한 논리 구성은 변증법의 기초가 되었다. 인간은 생각하기 때문에 강한 것이다. 그러므로 카지노에 들어 서기 전에 자신의 게임을 거듭된 생각으로 탄탄하게 설계하고 들어가는 것은 앞에서 얘기한 대로 필수적이며 승리의 근간이 된다.

그러나 막상 카지노에서 게임을 하다 보면 사람은 뜻하지 않게 갑작스런 기분이나 감정에 휘둘려 자신이 설계한 것을 깨기 쉽다.

이것은 인간도 역시 동물이기 때문에 어쩔 수가 없다. 동물은 본능에 의해서 움직이는데, 그 본능이란 감정이나 기분 등 과 본질적으로 같다. 매우 강하다는 뜻이다. 그렇기 때문에 여기에 대해서는 매우 확고한 결의가 필요하다.

카지노 안에서는 예기치 못했던 상황이 자주 발생한다.

예를 들면 만나서는 안 될 사람이 나타났다든지 또는 예상과 달리 너무나 나쁜 그림이 나와 엄청난 고전을 하고 있다든지 또는 그 반대로 너무 게임이 잘 돼 생각 외로 목표 달성을 너무 빨리 했다든지……. 무수한 변화가 일어나는 곳이 바로 카지노이다.

더군다나 바카라는 돈과 직결되고 돈은 요물 중 요물이라 사람의 마음에 끝없는 유혹과 불안과 불안정을 초래한다. 이런 모든 것들이 바카라를 실패로 이끄는 가장 중요한 요인들이다.

일단 카지노 밖에서 무언가를 결정했다면 카지노 안에서는 다만 기계처럼 수행해야 한다. 카지노에 들어서는 순간부터 자신이 인간이라는 생각을 던져버리고 단지 명령받은 대로 행동하는 기계나 로봇이라고 생각해야 한다.

그러나 이것이 말처럼 쉽지는 않기 때문에 항상 일상에서 연습을 해야 한다. 무언가를 결정했으면 절대 바꾸지 않는 쪽 으로 자기 자신을 만들어가는 것이 필요하다. 거듭 얘기하지만 테이블에 앉는 것은 결과를 확인하는 것일 뿐 승패는 이미 카지노 밖에서 결정되어 있다. 아무리 게임이 잘 된다 하더라도 목표를 달성했으면 미련 없이 자리에서 일어나 카지노 밖으로 나와야 한다.

카지노 밖에서 결정한 것은 절대로 카지노 안에서 바꾸지 말라.

서두르지 말라

어떤 사람들은 카지노에 도착하자마자 마치 무엇엔가 쫓기는 양 서두른다. 이들은 객실을 잡아 놓고 왔음에도 객실로 올라가 옷을 갈아입거나 카지노까지 오느라고 피로해진 몸을 잠깐이라도 쉬거나 혹은 따뜻한 물에 샤워를 하거나 하는 일을 절대로 하지 않고 게임장으로 직행해 바로 게임을 시작하곤 한다.

이것은 게임을 하는 내내 흐름을 몹시 급하게 만들어버린다. 바카라란 그렇지 않아도 워낙 흐름이 급하기 때문에 그 흐름을 어떻게 완화시키고 천천히 게임을 할 수 있는가가 숙제인데, 이런 식으로 서두르면 절대로 테크니컬한 게임을 하지 못한다.

이런 사람들은 바카라를 그냥 운으로 받아들이고 지면 패배감에 사로잡혀 용기도 의욕도 잃는다.

일단 목표를 정하고 온 사람은 서두를 이유가 하나도 없다. 오히려 게임을 늦추고 또 늦추는 것이 목표를 정하고 온 사람들이 게임을 하는 방법일 것이다.

서두르다 보면 실수를 하게 되고 실수는 또 실수를 불러 게임은 비전략적이고 비계획적인 놀이로 전락하고 만다.

게임장에 들어서기에 앞서 반드시 자신이 서두르고 있지 않은가 자가 진단을 해보아야 한다. 만약 서두른다는 느낌이 들면 차분한 마음으로 산책을 한다든지 객실에서 뜨거운 물로 샤워를 한다든지 사우나를 한다든지 그렇지 않으면 잠을 잔다든지 해서 마음을 누그러뜨리고 늦추어야 한다.

바카라는 서두르면 절대로 못 보는 것들이 있다. 서두르는 사람은 눈에 들어오는 대로 게임을 하게 마련이고 보는 시야가 굉장히 좁아진다.

언젠가 나는 한국에서 무려 열몇 시간의 비행 끝에 라스베이거스에 도착하자마자 불과 5분도 안 돼서 가진 돈을 다 잃는 사람을 보았다. 나는 그에게 왜 그렇게 서두르느냐고 물었더니 그는 씁쓸하게 웃으며 말했다.

"어차피 도박 아닙니까?"

우리가 바카라를 하는 것은 거기에 무언가 가능성이 있기 때문이다. 그냥 운 좋으면 이기고 운 나쁘면 진다라는 태

도는 매우 무책임한 것이다. 무엇보다도 그런 나약한 태도로
는 이길 수가 없다.

서두름은 바카라의 적이다.

게임 전후에 약속을 하지 말라

일단 카지노에서 게임을 하게 되는 사람이라면 어느 정도 경제력도 있고 자연히 다양한 인간관계를 맺고 복잡한 사회생활을 영위하고 있기 마련이다.

사람들은 대개 그 복잡한 사회생활의 틈바구니에서 겨우 몸을 뽑아서 게임을 한다. 또한 바카라라는 것 자체가 자랑하고 다닐 만한 일이 아니다 보니까 외부와 단절된 자기만의 시간을 확보하기 힘들다.

즉 게임 전에도 일이 있고, 게임 후에도 일이 있는 것이다. 그러다 보니 어떤 사람은 아예 휴대폰을 테이블 옆에 두고 게임을 하기도 한다. 들려오는 휴대폰 통화 내용은 거짓말 일쑤이다.

카지노에서 게임을 하면서도 일로 누굴 만나고 있다든지 또는 지방의 공장에 내려와 있다든지……. 좌우간 무수한 거짓말이 터져 나온다. 그뿐만이 아니다. 통화를 하면서 순간을 모면하기 위해 약속을 하기도 한다.

이런 것은 바로 패배를 예약하는 것이다.

결코 게임과 다른 사업상의 관계를 엮어서는 안 된다. 카지노에 들어서는 순간부터 휴대폰은 꺼야 한다. 반드시 받아야 할 전화가 있다면 카지노 밖에서 그 전화를 받고, 문제를 처리하고 나서 휴대폰을 완전하게 꺼 놓을 수 있는 시간을 확보한 다음 게임장에 들어서야 한다.

특히 게임은 결과를 예측할 수 없기 때문에 게임을 앞두고 는 게임에 영향을 줄 수 있는 가파른 약속은 절대로 해서는 안 된다. 일단 게임 외적인 것이 게임에 영향을 미치기 시작하면 그것은 절대로 좋은 방향으로 작용하지 않는다.

큰돈이 눈앞에서 오가는 바카라는 극도로 신경을 예민하게 만들기 때문에 사소한 전화 한 통에도 흔들리기 일쑤이다.

진지하고 신성한 시간을 확보한 후 카지노에 들어서야 한다.

카지노 시크릿

게임과 놀이를
동시에 추구하지 말라

바카라는 매우 흐름이 급하기 때문에 몇 번 패하면 바로 인생에 타격이 오는 경우도 있다. 돈이 아무리 많아도 다를 바 없다.

돈이 많은 사람은 자기 돈의 규모에 맞게 게임을 하기 때문에 바카라는 열 번 정도만 져도 은행 잔고는 말할 것도 없고 보유한 주식, 혹은 심한 경우는 가지고 있는 부동산까지 모두 날려버릴 가능성도 있다.

이렇게 급하고 무서운 게임을 하는 사람의 자세는 마치 자식과 아내를 베고 황산벌로 나서는 계백 장군처럼 결연하고 단호해야만 한다. 그래도 바카라를 하게 되면 넘어야 할 산이 이루 헤아릴 수가 없다는 것은 여러분들도 잘 알 것이다.

그런데 이 바카라를 놀이와 섞는 사람들도 있다. 물론 좋은 일이다. 사실은 그래야 할지도 모른다. 그렇게 바카라를 가볍게 할 수 있으면 말이다. 그러나 대개의 경우를 보면 놀이와 바카라를 병행해서 온 사람은 양쪽 다 망쳐버리기 일쑤이다.

유럽의 휴양지든 아시아의 휴양지든 미국의 라스베이거스나 한국의 강원랜드나 그곳이 어디든 바카라와 놀이는 반드시 분리해야 한다. 놀이도 역시 사람과 더불어 하는 것이기 때문에 가족이나 친구는 자신이 바카라를 하는 동안에 기다려야 하고 이것은 강력한 압박이 된다.

약속을 해놓고 바카라를 하는 것이니 어떤 형태로든 짐이 될 수밖에 없다. 처음에는 가볍게 하겠다고 마음을 먹겠지만 바카라는 결코 가볍고 얕게 할 수 없다. 휴양지에서 가볍게 시작하든 전 재산을 들고 승부를 하러 카지노에 들어서든 바카라는 그 자체의 흐름이 워낙 급하기 때문에 사람이 제어하기가 여간 어려운 게 아니다.

그러니 놀이를 가고 싶으면 아예 카지노가 없는 곳으로 갈 일이다. 절대로 가족 휴가 겸 바카라를 하겠다고 카지노가 있는 곳으로 계획을 잡으면 나쁜 결과가 올 수밖에 없다.

한두 번은 이길지 모르지만 그것 역시 영원한 패자가 되는 길 중의 하나이다. 바카라를 대하는 자세는 처자를 베고 황산벌로 나서는 계백 장군의 마음이라야 한다.

징크스를 거부하라

우리 인간은 약할 수밖에 없는 존재이다. 지금은 워낙 과학기술이 발달하고 풍부한 지식이 넘쳐나기 때문에 사물의 원인과 결과에 대해 확실히 이해하고 있지만 옛날에는 매우 간단한 자연현상 하나조차도 그 원인을 알지 못해 어쩔 수 없이 미신과 무당 등에 매달릴 수밖에 없었다.

도박을 하는 사람들은 유난히 이런 미신이나 징크스에 약하다. 그런데 이 미신이나 징크스는 게임에 몹시 방해가 된다. 인간이 하는 거면 그게 무엇이든 실력에 의해서 성공과 실패가 갈리는 것이다.

사실 도박이든 사법고시든 마찬가지로 실력에 의해 좌우된다. 그래서 인간은 항상 실력을 쌓기 위해 노력하고 연구하는 것이다. 그런데 미신이나 징크스를 믿거나 받아들이는 건 이러한 메커니즘으로부터의 일탈을 의미한다.

희한하게도 이런 미신이나 징크스는 믿으면 믿을수록 그

와 유사한 현상이 일어난다. 즉, 카지노로 가는 동안 앞에 4646 혹은 4444와 같은 자동차 번호판이 있으면 오늘 게임은 안 될 거라고 생각하는 사람들이 있다. 사우나에 가서 번호표를 받았더니 37번일 경우에도 '아, 오늘은 죽었다' 하고 생각하는 사람들도 있다.

이런 사람은 이미 자세에서부터 자신만의 진지한 전쟁을 수행하고자 하는 자신감을 잃고 카지노에서 일어나는 조그만 변화에도 자연히 흔들리게 된다.

바카라는 누구에게 빌거나 기도를 해 그 원력으로 이길 수 있는 것이 아니다. 철두철미하게 자신이 연구를 하고 준비를 해서 실력만큼 결과를 얻겠다는 자세로 해야 하고 그럴 때만 이길 수가 있다.

미신과 징크스를 믿어왔다면 지금 이 순간부터 완전히 잊어버려라. 세상에 합해서 '망통'이 되거나 '따라지'가 되는 숫자는 우리 주변에 너무나 많고 그런 것에 자신감을 잃으면 게임을 시작하기도 전에 벌써 정신적 패자가 되어 있는 것이다. 도박이든 뭐든 인간이 하는 일은 노력에 의해 좌우될 뿐이다.

카지노 시크릿

카지노에서 사람들과
친하게 지내지 말라

사람은 사회적 동물이다.

사람과 사람이 서로의 어려운 처지를 얘기하고 위안을 받고 도움을 주고받으며 서로 이해하는 것만큼 아름다운 행위도 없다. 하지만 바카라를 하는 사람이라면 카지노에서 사람들과 친해지는 것을 꺼려야 한다.

물론 노골적으로 사람을 무시하고 꺼려서는 안 되겠지만 적절히 제어할 수 있는 정도의 관계를 유지할 뿐이지 그 이상 친밀 하거나 한 발 더 나아가서 게임을 의논하거나 게임에 같이 대처하기로 한다든지 하는 것은 절대로 해서는 안 된다.

카지노에서는 때때로 모든 것을 다 잃고 잔돈조차 없어서 쩔쩔매는 경우가 있기 때문에 어쩔 수 없이 사람에게 기대게 된다. 특히 외국의 카지노에서 누군가 아는 사람이 있다는 것 이상 든든하고 위안이 되는 것은 없다.

하지만 바로 그렇기 때문에 게임에 대한 집중도나 긴장이 떨어지기도 한다. 돈을 잃으면 한국으로 돌아갈 경비조차 없는 상황을 승부사들은 온몸으로 맞아들여야 한다. 그게 겁이 나서 미리 사람과 친해둬야 한다는 생각은 영원한 패자가 되는 지름길이다.

카지노 게임은 워낙 변화무쌍하고 시시각각 상황이 변하기 때문에 운신이 매우 자유로워야 한다. 그러나 누군가 가까운 사람이 같이 게임을 한다거나 같이 카지노에 있다는 자체만으로도 일거수일투족이 몹시 영향을 받고 제한을 받는다.

특히 돈이 걸려 있기 때문에 아는 사람이 있으면 자신도 모르게 신경이 쓰이는 법이다. 자신이 상대방이 있음으로 인해 편의를 생각했다면 그 반대로도 생각해야 하기 때문이다.

이런 생각이 들기 시작하면 누군가 게임 중에 와서 돈을 빌려달라거나 자신을 위해서 베팅을 한번 해 달라거나 얘기를 좀 나누자고 할 때에 아무렇지도 않게 거절할 수는 없다.

상대방이 혹시 그런 요청을 하지 않을까 하는 생각만으로도 게임이 급해지거나 본인이 하고 싶은 대로 못하는 경우가 많다.

어떤 심약한 사람은 자신이 아는 사람이 돈을 잃으면 그 자체로 마음이 무거워져 같이 잃기도 한다.

카지노에서는 사람을 사귀어서도 안 되고 친해져서도 안 된다.

동패를 하지 말라

어떤 사람들은 각자 돈을 반씩 내서 게임을 하기도 한다. 소위 얘기하는 동패이다. 이것은 게임을 잘하는 쪽이 돈이 없을 때 못하는 사람이 돈을 대고 게임을 해서 이기면 반씩 나누는 경우와, 실력은 비슷하지만 워낙 돈이 적어서 베팅을 편안하게 할 수 없을 때에 둘이 돈을 합해서 게임을 하는 방식이 있다.

어느 쪽이든 동패를 해서는 안 된다.

동패는 일단 다른 사람의 돈이 걸려 있기 때문에 게임을 하는 사람 입장에서는 자기 마음대로 할 수가 없다. 언제든 자신 의 행위에 대해서 변명을 할 수 있어야 하기 때문에 상대방의 눈치를 보지 않으려 해도 보지 않을 수 없다. 마치 100m 경주에서 무거운 모래주머니를 차고 달리는 것과 비슷하다.

바카라는 워낙 흐름이 급하고 돈의 이동속도가 빠르기

때문에 동패를 하게 되면 어쩔 수 없이 서로 의심하게 되는 부분도 있다. 상대가 나를 의심하지 않을까 하는 생각이 들면 게임은 끝이다. 또는 누군가 내 게임을 보고 있다는 것을 의식하는 것 자체만으로도 생각지도 않은 쪽으로 게임을 몰고 가게 된다.

동패를 해서 몇 번 따는 경우도 있겠지만 한두 번만 잃어도 벌써 상대에 대한 불신과 원망은 가슴 깊은 곳에 똬리를 튼다. 그리고 동패를 했다는 기억은 늘 못 본 척할 수 없는 사람을 카지노에 두고 있게 하므로 마음의 부담으로 작용하기 마련이다.

필자는 라스베이거스에서 재미있는 사람들을 본 적이 있다. 이들은 로스앤젤레스에서 술을 마시다 기분이 동하면 각자 돈을 출자해서 한밤중에 차를 타고 미친 듯이 밟아 라스베이거스로 달려온다. 이들은 한 사람이 게임을 하고 나머지 서너 사람이 뒤에서 구경을 한다. 그런데 그중 제일 낫다고 생각돼 선수로 선발된 사람이지만 지는 핸드마다 구차하고 유치한 변명을 늘어놓는다.

그런 변명이 거듭되다 결국은 서로를 원망하고 욕을 해대면서 다 잃고는 카지노를 떠나곤 하는데 몇 번 보아도 늘 똑같은 모습이었다.

동패란 시작은 창대해도 끝은 초라한 약자들의 결합에 지나지 않는다.

카지노 시크릿

작은 돈으로
큰돈을 따려고 하지 말라

많은 사람들이 도박을 운에 맡긴다.

그러나 인간은 위대하고 인간의 지혜는 무한하다. 그것이 무엇이든 인간은 문제에 봉착하면 반드시 해답을 찾아내는 존재이다. 도박도 예외가 될 수 없다. 우리는 도박에서도 방법을 찾아내려고 연구하고 있고 또 일부 방법을 알아냈다.

그런데 그 방법은 알아도 실행하기가 힘이 들기 때문에 평상시에 항상 체질화하기 위한 훈련을 해야 한다.

다시 말을 정리하자면 인간이란 바카라를 반드시 이겨낼 수가 있다.

그렇지만 아마추어는 물론 프로 도박사들도 이기지 못하는 것은 과학적이고 심리적으로 바카라의 저변을 분석하지 않고 테이블에 앉아서 유용한 기술만을 습득하려고 하기 때문이다. 바카라에 대한 올바른 인식이야말로 기술 중 최고의 기술이다.

우리는 오랜 경험으로 성공은 우연히 이루어지지 않고 설혹 성공하더라도 그것이 우연히 이루어진 거라면 차라리 내용 있는 실패보다 못하다는 인식도 갖고 있다.

성공을 계속 이어가려면 그 성공이 안정적이라야 한다. 즉, 바카라의 경우라면 게임을 할 때마다 성공할 확률이 커야 하는 것이다.

이런 시각에서 볼 때 진정한 바카라의 승자가 되려면 적은 돈으로 많은 돈을 따고자 하는 생각을 버려야 한다.

사람들은 대부분 적은 돈으로 많은 돈을 따려 한다. 아마 바카라란 으레 그런 것이라고 생각하기 때문일 것이다. 그러나 세상의 모든 성공 법칙은 항상 확률을 따르라는 것이다. 그래야만 실패의 위험이 작아진다.

적은 돈을 가지고 많은 돈을 따려고 하면 위험도는 자연히 높아질 수밖에 없다. 몇 번은 이길 수 있겠지만 길게 보면 반드시 진다.

제대로 바카라를 하려는 사람이라면 그런 망상은 버려야만 한다. 신중한 사업가처럼 언제나 안전하게 가능성을 추구해야만 한다.

한 마디로 바카라는 많은 돈을 가지고 적은 돈을 따려고 해야만 한다.

그것이 무슨 도박이냐 라고 반문할지 모르지만 성공적 도박은 도박답지 않게 해야만 한다. 마치 사업처럼 해야 하는 것이다.

사업이나 도박이나 궁극적인 목표는 돈이다. 그렇다면 도박도 사업처럼 하는 것이 가장 안전하고 가능성이 높다는 것이다.

카지노에 가기 전 목표를 정할 때 언제나 자신이 가지고 있는 돈의 액수를 염두에 두고 목표를 정해야 한다. 가장 이상적인 목표는 가진 돈의 30%이다. 가령 300만원을 목표로 한다 1000만원을 가지고 가는 것이 안전하다.

그런 정도로는 성이 차지 않는다고 생각하는 사람은 이미 패자이다.

작은 돈으로 큰돈을 이기려고 하는 것은 무모할 뿐만 아니라 저급한 욕심의 발현에 지나지 않는다.

어떤 사람들은 적은 돈으로 많은 돈을 딴 것을 자랑으로 삼기도 한다. 나는 어느 카지노에선가 10만원을 가지고 8억을 이기는 사람을 본 적이 있다. 10만원으로 8억이면 아마 8천배 정도를 이겼을 것인데 장본인도 그것을 자랑으로 생각하고 있고 많은 사람들이 혀를 내두른다.

그러나 나는 그 사람이 영원한 패자가 되는 표를 예약했다고 생각한다. 그런 기적과 같은 우연을 뇌리에 넣어둬서는 안 된다. 물론 필자도 아주 적은 돈으로 어마어마한 액수를 이긴 적이 제법 있다. 그러나 그것이 결과적으로 도움이 되었다고는 절대 생각하지 않는다.

〈손자병법〉은 말한다. 나의 강한 군사로 적의 약한 군사를 이기라고 말이다.

작은 돈으로 큰돈을 땄다면 그것을 오히려 부끄럽게 여기고 진정한 바카라의 길을 걷지 못한 데 대한 아픈 기억으로 간직해야 한다.

그 8억의 사나이도 물론 그 돈을 다 잃고 추후에도 그 기억을 좇아 무모한 게임을 수없이 시도하다 이제는 지쳐 쓰러졌으니 말이다.

패배를 받아들여라

바카라를 하다 보면 어떤 때는 이기고 어떤 때는 진다. 이 것은 너무나 당연한 흐름이다. 맑은 날이 있고 흐린 날이 있 듯이 이기는 때가 있고 지는 때가 있는 것이다. 대부분 이길 때는 자신의 앞가림을 잘하리라고 생각된다. 그러나 졌을 때 에 프로와 아마추어는 엄청난 차이를 보인다.

프로란 문자 그대로 도박으로 돈을 벌고 그 돈으로 살아 나 가는 사람이다. 프로는 패배를 승리와 마찬가지로 매우 필수적인 요소로 받아들인다. 패배했을 때에 왜 패배했는지 무슨 잘못을 저질렀는지 어떤 마음의 규칙을 어겼는지를 곱 씹으면서 반성한다. 그래서 다음에는 절대로 그런 일이 일어 나지 않도록 자신의 내면을 더욱 강화해 나가는 것이다.

프로는 준비한 돈을 잃으면 그 사실을 그대로 받아들인 다. 왜냐하면 그걸 받아들이지 않으면 더 이상 프로로서의 삶이 없기 때문이다. 그러나 아마추어들은 졌을 때에 자신을 도저히 추스르지 못한다.

패배를 게임의 일부로 받아들이는 것이 아니라 패배했다는 사실을 도저히 받아들이지도 못한다. 많은 사람들의 경우 지면 동원할 수 있는 모든 돈을 동원하려고 한다. 통장이 있으면 통장이 돈을 바로 빼 쓰고 통장이 없으면 미친 듯이 사방팔방으로 전화를 걸어댄다. 어떤 돈이든 구할 수만 있으면 구해서 바로 조금 전 잃은 돈을 찾아오려고 흥분하는 것이다.

그러나 생각해보라. 모든 여건이 맞지 않고 컨디션이 좋지 않아서 돈을 잃었다면 빨리 그런 상황을 피하는 것이 상책이다. 그러니 패배를 받아들이지 못하는 사람들은 최악의 상황에서 계속 게임하기를 바라는 것이다. 이미 이 상태는 어떤 이성적 판단도 어떤 기술적 게임도 할 수가 없다. 그저 성질에 따라 분노에 의해 돈을 팽개치는 것이다.

최소한 반의 승률은 있지 않느냐고 반문할지도 모른다. 그러나 바카라는 척 보면 반의 확률이 항상 있는 것 같아도 엄밀하게 얘기하면 반의 확률은 어림도 없다.

확률보다도 그런 식으로 게임을 하는 건 습관이 되기 때문에 더 큰 문제이다. 일단 그렇게 습관이 들면 어떤 급한 방법으로 돈을 조달해서 이겼다 해도 그것은 차라리 진 것보다도 못하다.

항상 그런 방법으로 게임을 하도록 길을 닦아버렸기 때문에 최악의 상태에서 최악의 게임을 하도록 미리 예약을 해둔 것이다.

그날의 계획이 실패했을 때는 무조건 손을 털고 카지노를 떠나야 한다. 잃었을 때 싹싹하게 손을 털고 무엇이 잘못됐나를 생각하며 아픈 마음을 부여잡고 집으로 돌아가 더욱 뜨겁게 가족을 감싸고 사랑해주면서 다음 기회를 기다려야 한다. 이번이 마지막 게임이다. 이제는 돈을 더 구할 수도 없고 앞으로 게임할 기회도 없을 거라고 생각하지만 반드시 게임을 할 기회는 다시 오게 되어 있다.

그때를 기다리며 절치부심 자신을 닦고 주변을 정리하면서 기다리는 것이 올바른 자세이다.

급한 돈을 쓰지 말라

돈이란, 모든 노력과 관계와 시간과 정열의 결과물이다. 따라서 돈은 몹시 예민한 것이고 돈에는 많은 사람들의 신경의 초점이 모여 있다.

편한 돈은 자신의 관리 영역에 있기 때문에 설사 잃는다 하더라도 대처할 수가 있고 최소한 메울 수 있는 시간이 있다. 그러나 급한 돈은 자신의 능력으로 어찌할 수 없는 경우가 많다. 일단 급한 돈에 휘말리면 자신의 모든 계획, 사업, 꿈, 가정의 평화 이런 것들이 다 깨질 수밖에 없다.

그리고 급한 돈을 쓰면 어떤 좋은 결과를 얻어낸다 하더라도 그것은 오히려 더 나쁜 상황을 준비하는 것에 다름 아니다. 사람이 언제나 이길 수는 없기 때문에 급한 돈을 써서 게임을 하다 보면 반드시 그게 습관이 되고 차츰 더 급한 돈을 쓰게 돼 결국 파멸을 초래하는 것이다.

아무리 도박을 하더라도 급한 돈을 쓰지 않으면 당장 파멸이 오지는 않는다.

파멸의 씨앗은 바로 급한 돈이라고 보면 틀림이 없다. 어떤 돈들이 급한 돈일까. 한마디로 단정하기는 어려울 것이다. 이것은 본인만이 판단할 수 있다. 신혼여행을 갔다 와 새로 들어갈 집의 전세금이라면 물론 급한 돈에 속한다.

그러나 제대로 도박을 할 줄 모르는 사람들은 이런 돈까지 모조리 도박에 갖다 넣는다. 물론 절대 이길 수도 없고, 설사 이긴다 하더라도 바로 더 비참한 패배와 미래를 약속해두는 것이기 때문에 절대 이런 짓을 해서는 안 된다.

또 소위 도박장에 언제나 있는 꽁짓돈을 조심해야 한다. 아무리 돈이 많은 사람도 현금의 형태로 가지고 있지는 않기 때문에 자연히 꽁짓돈을 끌어 쓰게 되어 있다. 꽁지란 그 이자도 살인적이지만 일단 꽁지를 쓴다는 자체로 게임이 흔들리게 되어 있다.

안정이 게임을 이기는 가장 중요한 요소라고 본다면 꽁짓돈 자체가 바로 패배를 부르는 돈인 것이다.

사람은 돈을 잃더라도 인간의 품격을 잃어서는 안 된다. 꽁짓돈을 쓰기 시작하면 결국은 인간의 품격조차 반드시 잃게 되어 있기 때문에 모든 것을 망가뜨리는 첩경이다. 무엇보다도 급한 돈으로는 결코 승부에서 이길 수 없다고 생각하면 틀림이 없을 것이다.

이겼을 때 돈을 써버려라

이겼을 때에 사람들은 이긴 돈을 바탕으로 해서 더 크게 이기는 것을 계획하고 꿈꾼다. 사람이라면 당연히 그렇게 하게 되어 있지만 이겼을 때 어떻게 하는 것이 최선인가 하는 것은 좀 더 진지하게 생각해볼 필요가 있다.

필자가 바라는 것은 이겼을 때에 일단 하고 싶은 것을 빨리 하라는 것이다. 그리고 주변을 정리하거나 써야 할 일이 있을 때에 빨리 쓰라는 것이다. 그리고 다시 처음 시작했던 그만큼의 자금으로 시작하는 것이 좋다.

도박을 한다는 것은 돈을 이기기 위한 것이고 돈은 누구나 쓰고 싶다. 써야 할 때 씀으로써 도박 자체의 만족감과 정당성이 확보된다. 그러나 일단 욕심에 사로잡히면 끝이 없기 때문에 결코 이긴 돈이라도 쓰지를 못한다. 특히 이제까지 잃은 돈이 머리에 남아 있으면 결코 쓰지를 못한다. 더 큰 돈을 따야만 하는 것이다.

그러니 아무리 이기는 게임을 해도 자기 자신이나 가정이나 주변 사람에게 전혀 도움이 되지 않는 것이다. 돈을 이겨서 필요한 곳에 썼다는 기억 하나만으로도 마음이 편해지며 좀 더 강한 결의가 생기는 것을 느낄 수 있다.

또 도박을 하는 사람들에게는 돈에 사로잡히지 않고 돈으로부터 자유로워지고자 하는 바람이 있다. 이겼을 때에 빨리빨리 그때그때 쓰는 게 무한한 탐욕의 포로가 되지 않는 길이다. 일단 탐욕의 포로가 되면 항상 불만족만 있지 만족이 없기 때문에 결국 회의에 봉착한다. 건강한 게임을 위해서는 목표를 이루고 이겼을 때에는 빨리 줄 사람에게 주고 보낼 곳에 보내는 등 쓸 곳을 찾아서 쓰는 것이 중요하다.

카지노 시크릿

선한 일에 돈을 써라

도박은 사회에서 긍정적으로 받아들여지는 행위가 아니다. 아무리 자신의 행위에 정당성을 부여하려 해도 사회가 도박을 받아줄 수 없기 때문에 부정적 이미지는 늘 인간의 잠재심리에 내재되어 있다.

따라서 도박을 하는 사람은 그 사실을 남에게 숨기려 하고 본의 아니게 거짓말도 하게 되는데 이런 건 카지노와 정면으로 승부하는 데 큰 장애가 된다.

인간은 자신의 행위에 정당성을 가지지 못하면 큰 힘을 발휘할 수 없다. 그래서 편법으로나마 치료책을 찾아야 한다.

어느 정도 큰 승부를 이길 때마다 그 일부를 좋은 일에 쓰는 것은 하나의 방법이다. 소년소녀가장을 돕는다든지 유니세프나 복지단체 등을 후원한다거나 장학금을 낸다든지 무엇이라도 좋다.

또는 굳이 사회적 기여가 아니라 하더라도 자신이 아는

도울 만한 사람을 사적으로 돕는 것도 한 방법일 것이다.

어찌됐든 자신의 내면에 정당성을 부여하고 떳떳하고 자신 있게 승부에 임할 수 있는 방법의 하나로 기부를 하거나 선한 일에 돈을 쓰는 것은 필요하다. 또한 이런 행위는 카지노에서 왔다 갔다 하는 돈의 단위와 실제 사회에서 쓰는 돈의 단위 사 이에 생기는 심각한 착각을 극복할 수 있다.

카지노에서 게임을 계속하다 보면 돈의 액수에 대한 의식이 없어져버리는 경우가 있다. 모든 돈을 다 칩으로 바꿔서 하게 되고 조그만 칩 하나가 크게는 2,500만원짜리까지도 있기 때문에 돈의 액수에 대한 인식이 없어져서 돈을 아주 가볍게 여 기게 되는 경우가 있다. 즉, 카지노 최면에 걸리는 것이다.

인상적인 기부나 선행은 간간이 그런 최면에 걸리는 걸 막아준다.

바카라는 선량한 사람이 아니면 이기기가 매우 힘들다. 선량한 사람은 자신을 낮추고 주변을 존중하며 주변의 것을 받아들일 줄 안다. 반면 자기를 내세우고 자기를 고집하는 사람은 바카라를 둘러싼 그 수없이 섬세한 요소와 분위기를 느끼지 못하고 패배를 거듭하게 되어 있다.

카지노 시크릿

바카라는 한마디로 비유하자면 조금만 고개를 들어도 돌아가고 있던 날카로운 프로펠러가 목을 탁 치는 그런 게임이라 고 할 수 있다. 늘 자신을 낮추는 선량한 사람만이 항상 고개를 낮추고 있어도 거부감이 없고 불편하지가 않아 그 프로펠러에 목을 내밀지 않는다. 기부와 같은 선행은 바카라의 원군이다.

secret 3
테이블 위에서의 테크닉

바카라는 게임 그 자체로는 잃을 수밖에 없도록 설계되어 있다.

그렇기 때문에 사실 테이블 테크닉의 의미가 크지는 않다. 즉, 언제나 이기는 기술자는 이 세상에 존재하지 않는다.

카지노 밖에서 자신을 이기는 인간형으로 만드는 작업과 노력이 훨씬 더 중요하다. 그렇기 때문에 필자는 독자 여러분이 이 테이블 테크닉보다는 오히려 이 전장, 카지노 밖에서의 전략을 늘 몸에 익히고 습관화하기를 바란다.

어떤 사람들은 테이블에서 게임만 잘하면 그것이 이기는 것인 줄 알지만 바카라는 그런 정도로는 절대로 이기지 못한다. 이 테크닉을 절대적인 걸로 믿기보다는 그저 조금 더 나은 기술을 습득한다는 가벼운 마음으로 받아들여라. 최고의 노력은 언제나 '이기는 인간형'으로 자기를 만드는 데 쏟아주기 바란다.

목표액을 정하라

목표액은 모든 게임에서 가장 중요하다. 승부의 90%는 이 목표액의 설정에 의해 좌우된다.

우리가 전투를 할 때 앞으로 1km를 나갈지 500m를 나갈지 산 정상까지 올라갈지 아니면 산기슭만 점령하고 그 다음 작전을 짤지부터 우선 결정해야 한다. 그래야만 어떻게 전투를 하고 병력은 얼마나 보내며 지원은 어떻게 요청하고 어떤 작전을 펼칠 것인가를 정할 수가 있다. 이처럼 모든 게임에 있어서 승패를 결정하는 가장 큰 요인은 바로 이 목표액이다.

목표액은 물론 많으면 많을수록 좋겠지만 그만치 위험도도 높아진다. 아예 목표액을 정하지 않으면, 즉 아예 목표액이 없거나 반드시 돈을 이겨야 한다는 생각이 없다면 제일 안전하겠지만 그렇지 않다면 조금 욕심이 생기면 그만큼 위험도도 높아지기 때문에 목표액은 항상 안정되게 정하는 것이 좋다.

목표액은 대략 자신이 가진 금액의 30% 정도로 잡는 게 좋다. 100만원을 가지고 가는 사람은 30만원을 목표액으로 잡는 것이 가장 안정적이고 달성 가능성도 높은 것이다.

목표액을 달성한 다음은 어떻게 할 것인가. 물론 게임을 마쳐야 한다.

게임을 하다 보면 정확하게 금액이 맞아떨어지지 않는다. 하지만 목표액을 안정적으로 잡았다면 그것은 달성하는 것이 좋다. 그래야 만족감이 오기 때문이다. 30만원을 목표로 했는데 안전을 위해서 29만원에서 스톱하면 불과 만원 차이로 목표를 이루었느냐 못 이루었느냐 하는 차이가 오는 것이다. 그렇기 때문에 목표액을 정하면 반드시 그것은 달성하되, 그것을 넘기는 순간 어떤 좋은 그림이 나온다 하더라도 거기서 게임을 그치고 일어나는 것이 아주 중요하다.

목표액을 정한 다음으로 중요한 것은 바로 이겼을 때 일어나는 결단이다. 한창 게임이 잘되는데 도대체 왜 일어나느냐. 예로부터 '배 들어올 때 물 길어라' 하는 말이 있고 '붙을 때에 멈추지 말라' 하는 말도 있지 않으냐고 항의하겠지만 그런 식으로는 안 된다.

바카라는 한두 번 하고 그만두는 게 아니기 때문에 그런 우연적 요소나 감정적 요소에 기대면 결국은 패자가 되고 만다. 정 많은 돈을 이기고 싶다면 차라리 목표액을 이루고 나서 그 다음 목표액을 정해서 다시 게임을 하면 된다. 하지만 권하고 싶지는 않다.

목표액을 이룬 다음에는 마음이 흐트러지기 때문에 베팅이 커지고 조심성이 없어진다. 또 이겼다는 자신감으로 한껏 부풀어 있기 때문에 게임이 잘 안 풀릴 때는 신경이 날카로워지고 신경질적이 되면서 성난 베팅을 하게 되기 쉽다.

감정을 절제하고 이성적인 게임을 습관화하기 위해서는 목표액이 달성되면 그 자리에서 즉각 일어나 카지노 밖으로 나가는 것이 필수적이다.

게임을 쪼개라

안정적인 목표액을 정하고 나면 게임이 그만치 쉽고 안전하다. 하지만 그 목표액을 한 번에 다 이기려고 해서는 절대로 안 된다.

목표액을 또다시 쪼개는 것이다.

예를 들어 1000만원을 가지고 목표액이 300만원일 경우에 이 목표액 300만원을 100만원씩 세 번으로 쪼개야 한다.

게임을 쪼개는 데 있어서 하나의 원칙이 있다면 귀찮을 정도로 잘게 쪼개라는 것이다. 그리고 쪼갠 게임이 이기고 나면 잠깐 게임을 접어야 한다. 즉, 게임을 쪼갰을 때에는 그 목표액 자체가 하나하나의 게임이기 때문이다.

가령 목표액이 300만원일 때 게임을 세 번으로 해서 100만원씩 세 번 이기기로 했다면 100만원을 이겼을 때에 게임을 접어야 하는 것이다. 게임을 접고는 자리에서 일어나는 것이 좋다. 물론 목표액이 적은 경우 구태여 자리에서 일어날 필요가 없다고 생각하는 사람도 있을 것이다.

그러나 모든 걸 종합해서 생각해볼 때 일단 자리를 떠났다가 두 번째 목표액을 달성하기 위한 새로운 게임을 시작하는 것이 좋다. 1000만원을 가지고 온 사람이 목표액이 300만원일 경우에 300만원을 한 번에 베팅한다면 그것은 목표액을 설정한 의미가 없어진다.

300만원을 100만원으로 세 번 쪼개고, 100만원을 다시 여러 번으로 나누어 이기는 것, 그것이 게임을 쪼개는 것이다.

가진 돈을 테이블 위에
모두 꺼내 놓고 하라

필자는 칩을 놓은 모양만 봐도 그 사람이 어느 정도 게임을 하는 사람인지 또 게임을 이길 것인지 질 것인지를 판단할 수 있다.

어떤 사람은 가진 돈의 일부를 꺼내 놓기도 하고 어떤 사람은 반을 꺼내 놓기도 하고 어떤 사람은 가진 걸 모두 꺼내 놓기도 한다. 무엇이 정답인가 하면 가진 것을 모두 꺼내 놓는 쪽이다.

카지노에서 부담스러운 사람을 만났다든지 채권자를 만났다든지 또는 남에게 큰돈으로 게임하는 것을 보이고 싶지 않은 경우에 돈을 주머니에 두고 일부만 꺼내서 칩으로 바꿔서 게임을 하는 경우가 있다. 그러나 이것은 올바른 방법이 아니다. 근원적인 문제를 해결하고, 즉 귀찮은 사람과의 문제를 해결하고 일단 게임을 할 때에는 가진 돈을 모두 테이블 위에 꺼내 놓고 하는 것이 전략적으로 매우 유리하다.

돈이 갈라져서 일부 주머니에 있고 일부 테이블 위에 있다면 목표액과 자신이 가진 돈 사이에 왜곡이 일어나서 충분히 안정된 게임을 할 수가 없다.

즉, 나의 강한 군사로 적의 약한 군사를 이겨야 하는 법인데 나의 군사는 쪼개져서 강하지가 못하다. 이것은 또 작은 돈으로 큰돈을 따려고 하지 말라는 교훈에도 어긋난다. 돈이 아무리 많이 있어도 주머니에 있는 한 그것은 이미 게임머니가 아니다.

그렇게 주머니에 있는 돈은 테이블 앞에 작은 돈이 나갔을 때 화가 나서 한 번에 치는 돈으로 쓰이기가 쉽다.

그러니 전체적으로 보면 작전이 없는 게임이 되고 만다. 가진 돈을 테이블에 다 꺼내 놓고 할 때라야만 자신의 목표액과 전략 등을 충실히 수행할 수가 있다.

또한 목표액이 가진 돈의 30% 정도면 상대적으로 게임하기가 아주 쉽다. 열 개를 가지고 세 개를 따는 게임이니까. 그러나 여덟 개를 주머니에 넣어 놓고 한다면 두 개를 가지고 세 개를 따는 게임이 되어버리기 때문에 게임은 아주 어려워지는 것이다.

카지노 시크릿

본전을 지켜라

바카라는 흐름이 매우 급하기 때문에 게임이 흔들리기 쉽다. 따라서 게임을 안전하게 하기 위해서는 본전을 지키는 것이 굉장히 중요하다.

바카라는 기본적으로 심리 게임이라 마음이 흔들리면 게임도 따라서 흔들린다. 언제 마음이 흔들리는가 하면 본전에서 비록 천 원짜리 하나라도 잃었을 때 흔들리는 것이다.

비록 만원짜리 하나라도 이겨 가지고 있을 때에는 마음이 편안하고 안정되고 여유롭다. 그렇기 때문에 이겨 있느냐 져 있느냐는 게임의 내용을 결정하는 데 아주 큰 요소이다.

본전은 마음을 안정시키기 때문에 아주 중요하다. 그렇다면 본전을 지키기 위해서는 어떻게 해야 할까.

본전 부근에서는 베팅이 매우 섬세하고 액수가 적어야 한다. 얼마를 이기고 따는 것이 문제가 아니라 게임에 안정을 도모하기 위해서 본전을 지키는 것이기 때문에 그 부근에서는 벳이 작고 섬세하고 안전해야 된다.

세 번, 네 번, 다섯 번, 심지어 일곱 번까지 틀리더라도 가진 돈의 5%를 잃지 않을 정도로 벳이 작아야 하는 것이다.

본전을 지키고 있는 한 게임이 흔들리는 법은 없다. 좋은 카드를 기다릴 수 있는 여유도 본전이 지켜졌을 때만 가능하지 본전이 지켜지지 않으면 아주 위험한 상황에서도 큰 벳이 나가게 된다. 사람은 불안하면 위험한 일을 하기 마련이니 반드시 본전을 지키는 데에 최선을 다해야 한다.

카지노 시크릿

장패는 설계하라

바카라의 꽃이라고 하면 장패라고 대답하는 사람들이 꽤 많다. 바카라는 수학자 과학자 교수 순서대로 빨리 잃는다는 속설이 있을 정도로 확률에 기초해 있으면서도 너무나도 확률과는 맞지 않는 게임이다.

1000분의 1 같은 확률은 너무 자주 나오고 어떤 때는 수만분 의 일의 확률, 아니 그보다도 훨씬 큰 수백 수천 수억만 분의 일 같은 장패도 나오기 때문이다. 그렇기 때문에 얄팍한 수학 적 지식을 맹신하는 사람은 장패가 나왔을 때 끊임없이 반대편에 벳을 하다 순식간에 다 잃어버리고 마는 경우가 허다하다. 이 장패를 어떻게 다룰 것인가. 이것은 바카라를 하는 모든 사람들의 숙제이고 골칫거리이다. 너무나 많은 사람들이 장패가 나오기만을 빌고 빌며 심지어는 산신령에게 빌거나 하느님에게 기도하는 사람조차 있다.

장패만 한 번 제대로 나오면 완전히 인생을 바꿀 수 있다고 생각하는 사람도 있고 실제로 마카오의 중국 프로들은 끊임없이 장패를 기다린다. 그러나 그들의 성적은 어떠할까. 참담할 정도이다. 장패는 한마디로 얘기하자면 설계를 해야만 최대한 활용할 수가 있다. 왜 그런가 하면 그림은 어떠한 조짐도 예고도 없이 갑자기 바뀌기 때문에 뱅커, 플레이어, 뱅커, 플레이어, 뱅커, 플레이어 이렇게 차례차례 나오다가도 어느 순간에 갑자기 플레이어만 달아서 5개, 7개, 10개가 나오기 때문이다.

그러면 몇 개째부터 사람들이 장패라고 생각하게 되는 것일까. 사람마다 차이는 있지만 대략 4개 5개쯤부터 장패라고 생각하는 사람들이 있다. 그런데 4개 5개 나왔을 때 그때부터 마구 쳐 대는 것은 결과가 나쁠 수밖에 없다. 왜냐하면 그림이라는 게 4개 5개짜리보다는 6개 7개짜리가 나올 빈도는 훨씬 낮기 때문이다. 그래서 사람들이 장패를 늘 고대하지만 현실에서 장패를 느끼고 움켜쥐기에는 너무 늦게 장패를 알아버리거나 또는 장패가 아닌 것을 장패로 오인하게 되기 때문이다.

그러면 이 장패는 어떻게 설계할 것인가. 우선 자신의 감에 투자를 하는 수밖에 없다. 즉, 장패가 나올 만하다고 미리 예측을 하고 그림이 바뀔 때에 첫 벳부터 장패로 여기고 벳을 하는 것이다. 그랬을 경우는 그것이 여덟 개, 아홉 개, 열 개, 열다섯 개짜리 긴 장패가 아니라 하더라도 4개 5개짜리의 장패와 유사하기만 한 그림이 나온다 하더라도 최대한 활용하는 결과를 가져올 수 있다. 예를 들자면 플레이어가 지속적으로 약하고 뱅커는 나왔다 하면 계속 몇 개씩 이어질 경우 플레이어가 나온 직후부터 장패를 설계하고 벳을 해볼 만하다. 물론 장패를 생각지 않고 적절한 그림을 좇아가는 것이 더 안전하긴 하지만 장패를 좋아하는 사람이라면 첫 그림부터 설계하고 해볼 만하다는 것이다.

그러나 장패라 하더라도 계속 맥시멈 벳을 하는 것은 역시 옳지가 않다. 장패는 벳을 엎어가는 데에 그 매력이 있다. 그래야만 장패가 아닐 경우에도 손해가 적고 장패일 경우에는 장패일 것을 예상하고 벳을 엎었기 때문에 8배 혹은 16배로 치고 올라갈 수 있는 것이다. 물론 그러는 사이에 이미 맥시멈 벳 이상의 수익을 보게 되고 그 맥시멈 벳을 가지고 다시 치느냐 안 치느냐는 여러분의 판단에 달려 있다. 그러나 이제까지 필자가 얘기한 게임 방식을 준수하는 독자라면 이미 8배 혹은 16배, 즉 달아서 3개 혹은 4개가 나온 시점에

서 목표가 달성되었기 때문에 맥시멈 벳은 할 필요조차 없
을 것이다.

장패는 설계해야만 제대로 활용할 수 있다.

가장 안전한 고전적 베팅

게임을 매우 안정적으로 하고 싶어 하는 사람이 있다고 하자. 이 사람은 이제껏 필자가 말한 대로 목표를 정하고 목표를 쪼개고 그 쪼갠 목표도 다시 쪼개서 벳이 매우 안정되어 있을 뿐만 아니라 시간과 싸우겠다고 작정을 했기 때문에 위험한 벳도 하지 않고 그런대로 흔들림 없이 게임을 잘 이끌어가고 있는 것이다. 그렇다면 이 사람이 가장 바라는 것은 무엇일까? 그것은 베팅을 좀 더 많이 맞혔으면 좋겠다는 바람일 것이다. 베팅을 가장 많이 맞히기 위해서는 마구 벳을 하는 것보다 여러 가지 자료를 종합적으로 검토해서 안전하겠다 싶을 때 설계한 대로 조금씩 벳을 하는 게 좋을 것이다. 그래서 여기서는 안전한 벳을 하기 위해서 고려해야 할 몇 가지에 대해서 설명하겠다.

우선 가장 중요한 것이 흐름이다. 즉, 뱅커나 플레이어나 어느 쪽의 흐름이 더 강한가, 다시 말해 어느 쪽이 더 많이 나오는가를 참고해야 한다. 뱅커가 60%, 플레이어가 40%의 비율로 나오고 있는데 플레이어에다가 벳을 하는 것은 아무리 직감이 좋다 하더라도 과학적으로 수학적으로 옳지 못하다. 도박은 확률에 매몰돼서도 안 되지만 기본적으로 확률 게임이기 때문에 언제든 확률이 어긋나는 쪽으로 벳을 하고 우연을 기대하면 안 된다. 물론 몇 번은 맞을 수 있지만 바카라를 계속하다 보면 이런 방법은 역시 실패의 지름길이다. 그러면 흐름은 어떻게 고려하는 것이 좋을까.

다섯 개의 그림을 본다. 즉, 지난 다섯 개의 그림 중에 어떤 것이 더 강했던가를 살펴보는 것이다. 그러면은 다섯 개 중에 플레이어가 연달아 다섯 개가 나왔을 수 있고 혹은 네 개, 세 개, 두 개, 한 개가 나왔을 수도 있을 것이다. 또는 하나도 안 나왔을 경우도 있을 것이다. 그러면 플레이어가 다섯 개, 네 개, 세 개일 경우에는 플레이어가 강하다고 보는 것이다. 플레이어가 두 개 이하일 때는 플레이어가 뱅커보다 약하다고 보는 것이다. 다섯 개의 그림을 살펴서 좀 더 많이 나온 쪽이 강하다고 본다. 이런 흐름을 보고 나서 그 다음에 그림을 봐야 한다. 바카라가 어떤 흐름을 따라서 계속 나오고 있다면 예를 들어서 뱅커 플레이어 뱅커 플레이어 뱅커 플레이어 이런 식으로 나오고 있다면 그 패턴을 애써 무시해서 뱅커가 나올 차례인데 플레이어로 가면 안 된다.

어떤 사람들은 그렇게 남들과 반대로 혼자만 가서 이겼을 때 더 큰 쾌감을 느끼기 때문에 이런 습관이 들어 있는 사람도 꽤 있다. 특히 게임에서 자신을 과시하고자 하는 한국인들 중 이런 사람이 많은데 그것이야말로 가장 어리석은 짓이다. 언제든 바카라는 흐름과 그림을 따라서 물이 위에서 아래로 흐르듯 자연스럽게 흘러야지 자신이 그림을 상상하고 생각대로 그림이 나와주기를 바라면서 벳을 하는 것은 옳지가 않다. 그러므로 그림도 흐름 못지않게 고려해야 하는 요소이다.

뱅커-뱅커-플레이어, 뱅커-뱅커-플레이어, 그 다음에 뱅커-뱅커가 나왔으면 물론 뱅커의 흐름이 강하긴 하지만 그림은 플레이어의 순서이기 때문에 이럴 경우에는 플레이어 쪽에 표시를 해둔다.

그 다음 고려할 것은 남들은 어떻게 벳을 하는가이다. 이것은 자신의 컨디션이 좋지 않을 때도 유용하고 무엇보다도 한꺼번에 몽땅 잃을 염려가 적다는 이점이 있다. 사람들이란 여럿이 모이면 어느 정도 상황에 대한 인식이 비슷하고 바카라의 그림은 어떤 패턴을 잡아내는 것이기 때문에 이 인식의 공유야말로 그림의 패턴과 비슷하다고 볼 수가 있다. 그렇기 때문에 일단 자신의 판단은 유보하고 테이블에 앉아 있는 사람들이 주로 어디에 벳을 하는가를 살펴야 된다. 대략 만장일치로 뱅커나 플레이어 한곳을 선택했다면 그것은 상당히 진지하게 고려해야 할 만한 요소이다.

마지막으로 자신의 감을 생각해본다. 자신의 감이 나머지 많은 사람들 대다수와 맞을 경우도 있지만 맞지 않을 경우도 있다. 이럴 때에는 벳을 줄이거나 해서 어쨌든 정면으로 마주치지 않는 것도 중요하다. 어떤 날은 한두 번 혹은 두세 번, 또는 그 이상 모든 사람들과 반대로 가서 자신의 감이 맞아서 남들은 모두 잃는데 혼자 따는 경우가 있다. 그러나 이것은 확률적으로 적은 편에 속하기 때문에 기본적으로는 여러 사람과 너무 지나치게 거꾸로 가는 습관을 키우면 안된다.

어쨌든 이 네 가지 요소를 고려해서 모든 것이 다 맞을 때에 벳을 한다면 그것이 가장 안전한 방법일 것이다. 정말 진지한 게임, 꼭 이겨야 하는 게임을 해야 할 경우 벳의 횟수를 매우 줄이고 이 네 가지 요소가 다 만장일치로 맞을 경

카지노 시크릿

우에만 벳을 하는 것이 좋다. 물론 이럴 경우에도 매우 조심스럽게 벳을 해야 한다.

바카라는 이 책의 서두에서도 얘기했듯이 전 세계 인구가 모두 뱅커가 나올 거라고 판단하고 벳을 한 경우에도 플레이어가 나올 확률이 정확히 50%가 되기 때문에 어떤 하나를 절대자처럼 믿고 따라서는 안 된다. 하지만 전체적으로 무언가를 연구하고 끌어내서 그것을 나침반 삼아 한 발 한 발 나가는 게임임으로 이런 요소들을 무시하는 것은 더욱 안 될 일이다. 그림의 흐름, 그 다음에 그림의 모양, 그 다음 다른 사람들의 감, 마지막으로 나의 감. 이 네 개가 모두 일치할 때에 벳을 한다면 아무런 확신이나 근거가 없는 게임이지만 그나마 도움이 될 수 있을 것이다.

베팅의 폭을 넓혀라

바카라는 기본적으로 반의 확률은 있어 보인다. 하지만 무게가 실린 벳을 맞히는 평균은 반에 훨씬 못 미친다. 게다가 보통의 게임은 거의 5% 커미션이 있기 때문에 이 세상 어느 누구를 데려다 놔도 같은 액수의 베팅을 오래 하면 무조건 지게 되어 있다.

그래서 바카라는 기본적으로 카드 패의 승률을 따지는 게임이 아니고 어떻게 베팅을 하느냐 하는 게임이다.

손님이 그 불리한 여건에서도 게임을 이끌어 갈 수 있는 것은 바로 베팅 방법 때문인데 이것은 몇 번을 틀려도 이제까지 잃은 것을 몽땅 한 번에 찾아올 수 있기 때문이다. 즉 연달아 2패, 3패 혹은 4패, 5패를 하더라도 한 번 빅 벳을 해서 맞히면 이제까지 잃은 것을 다 찾아올 수 있다.

그래서 언뜻 보면 누구라도 게임을 이길 수 있을 것 같은데 실제 그렇지는 않다. 하지만 그런 어드밴티지가 있는 것은 틀림이 없다. 그렇기 때문에 카지노 측에서도 손님이 무한 베팅을 할 수 없게 만들어 두었다.

즉, 최저 벳과 최고 벳을 정해둔 것이다. 그런데 이 최저 벳과 최고 벳 간의 배수가 바카라에서는 굉장히 중요하다. 모든 것이 불리한 바카라에서 유일한 기술은 바로 이 최저 베팅과 최고 베팅사이의 배율, 즉 디퍼런스를 잘 활용하는 것이다.

보통 세계적으로 디퍼런스는 약 600배를 두고 있다. 즉 최저 베팅이 25불인 경우에 최고 베팅은 15,000불을 해두어서 600배의 차이를 두는 것이다.

물론 바카라를 잘 못하는 사람에게는 이런 차이가 아무 의미가 없다. 어떤 사람은 계속 고정 베팅을 하면서 그림을 맞히는 것이 바카라라고 생각하고 있고 또 어떤 사람은 마음이 급하고 불안한 나머지 최저 벳을 할 내면의 힘도 정신적 여유도 없는 것이다.

그저 급하게 욕심이 앞서서 꼭 이길 것 같은 환상에 사로잡히거나 50% 확률은 있다는 어리석은 믿음에 근거해 앞에 칩이 쌓여 있는 한 마구 휘두르기 마련인데 카지노는 이런 사람들을 제일 좋아한다.

이렇게 해서도 순식간에 몇 배를 따는 경우도 있지만 바카라는 한두 번 하고 그만두는 게임이 아니다. 또 그런 식으로 이긴 사람은 언제든지 그 꿈에서 깨어나지 못하고 계속 그런 식으로 게임을 하기 때문에 결국은 패자가 되고 만다.

그러면 이 최저 베팅과 최고 베팅 사이의 간격을 어떻게 활용할 것인가. 참, 그전에 하나 알아둘 것은 이 세상의 모든 카지노가 그렇게 600배의 간격을 두고 있지는 않다는 것이다. 한국의 강원랜드는 최저 베팅과 최고 베팅 사이에 불과 30배의 간격, 혹은 더 짧게는 단지 20배만 두고 있다. 600배의 간격과 20배의 간격. 바카라에 능숙하지 않은 사람에게는 아무 차이도 없고 어떤 불편함도 느껴지지 않겠지만 원숙한 바카라 플레이어들에게는 이 20배와 600배라는 차이는 엄청나다.

600배라는 간격은 벳을 한 사람이 그 벳이 잘못되었을 경우 계속 더블로 엎어 갈 때, 즉 20불을 베팅한 사람이 그 다음엔 40불, 그 다음엔 80불, 그 다음엔 160불, 그 다음엔 320불, 그 다음에 640불, 그 다음에 1280불, 그 다음에 2560불, 그 다음에 5120불, 그 다음에 10240불…… 이렇게 언젠가 한 번은 맞겠지 하고 베팅을 올려갈 때에 결국은 찾아올 기회가 많다. 디퍼런스가 크면 이렇게 최저 베팅과 최고 베팅 사이의 간격을 이용해서 자기 나름대로의 다양한 게임을 펼칠 수 있다.

그러므로 게임을 시작하기 전에 먼저 최저 베팅과 최고 베팅 사이의 간격을 잘 확인하고 전략을 짜야 한다.

강원랜드의 경우 20배에서 30배 사이의 간격밖에 없기 때문에 자칫 잘못하면 베팅이 항상 맥시멈 부근에서 헤어나지 못하게 된다. 조금만 잃으면 슬로우 베팅으로 만회할 길이 없어 곧바로 하이 벳을 하게 되는데 그렇게 하이 벳으로 게임을 진행하기 시작하게 되면 그 다음에 로우 벳으로 낮춘다는 것은 지극히 어려운 일이다.

하지만 많은 사람들이 하이 벳에 치중하고 있고 그것도 모자라서 은밀히 옆 사람의 손을 빌려서 맥시멈으로 여러 곳에 베팅하는 경우도 왕왕 있다. 이런 식의 게임은 절대로 이길 수 없다.

벳은 언제나 하한선 부근에서 시작해야 되고 큰 벳은 본전을 지키면서 많이 이겼을 경우에는 엎고, 엎고 엎어서 최대 8배까지의 득을 기대할 수 있다. 맥시멈 벳은 한 슈 내내 한 번 있을까 말까 한 정도로 해야 하고 일단 맥시멈 벳이 한 번 됐으면 그 다음에는 게임을 마치거나 쉬는 것이 게임이 위험해지지 않는 방법이다.

특히 강원랜드처럼 최저 벳과 최고 벳 사이의 간격이 좁을 때에는 늘상 최저 벳 부근의 벳으로 승부를 보려고 해야 한다. 그러자면 결국 시간과 싸워야 하는데 사실 바카라의 테크닉을 한마디로 얘기하자면 그것은 바로 시간과 싸우라는 것이다. 두 시간 세 시간 동안 게임을 하면서도 따지도 잃지도 않고 본전을 지키고 있다면 그것은 게임을 굉장히 잘하는 것이다.

그렇게 본전을 지키고 안정된 게임을 하는 것이 바로 최고의 바카라 기술이라 할 것이다.

불멸의 2·2·3·3법칙

앞에서 목표를 정했으면 그 목표를 쪼개는 게 중요하다고 얘기했다. 즉, 목표가 300만원이라면 그것을 한꺼번에 이기려고 하지 말고 100만원씩 세 번 혹은 50만원씩 여섯 번에 나눠 서 이기라는 것이다. 예를 들어 여러분이 500만원을 가지고 300만원을 이기려 한다고 했을 때 500만원으로 바로 300만원을 이기려고 하는 것은 위험하기 짝이 없다. 세계 최고의 플레이어라 하더라도 500만원으로 300만원을 이기겠다는 생각은 너무나 위험하다.

따라서 진정한 프로들은 절대 그런 게임을 하지 않는다. 하지만 아마추어들은 한두 번 또는 기껏해야 네댓 번의 횟수로 목표인 300만원을 이기고자 한다. 물론 그렇게 쉽게 이겨지는 것이 또한 바카라이다. 그렇게 해서 300만원이 이겨지면 그 사람의 본전은 800만원이 되고 다시 이 사람은 목표를 500만원 또는 내친김에 1000만원까지 올리기도 한다.

그렇게 자꾸 올려가다가 벳이 두세 번만 잘못돼도 바로 모든 걸 잃고 마는 게 초보자이거나 바카라를 제대로 배우지 못한 사람의 베팅법이다. 이런 것은 너무 위험해서 옆에서 보기조차 싫다. 그러면 300만원을 이기려고 할 때에 100만원으로 세 번 나눈다면 그 100만원은 어떻게 이길 것인가. 물론 100만원을 한 번에 가서 이기는 것은 아무 의미도 없고 그런 것은 종국에 영원한 패자가 되는 지름길이다. 100만원을 이기는 데 있어서 고전적으로 전해 내려오는 가장 안전한 방법을 하나 소개하고자 한다.

그것은 100만원을 네 번에 걸쳐서 이기는 것이다. 즉 20만원, 20만원, 30만원, 30만원으로 쪼개는 것이다. 그러면 게임은 굉장히 쉬워지고 매우 안정적이 된다. 여러분이 500만원을 가지고 300만원을 이기려고 할 때와 500만원을 가지고 20만원을 이기려고 할 때 어느 쪽이 안정되겠는가.

어느 세월에 20만원씩 이겨서 300만원을 채우겠냐 하겠지만 거기에 걸리는 시간은 너무나 짧다. 바카라를 하는 사람들은 잘 알겠지만 500만원을 가졌을 때에 20만원 혹은 30만원을 이기는 것은 불과 몇십 초도 걸리지 않을 것이다. 따라서 시간을 걱정할 필요는 없다. 이 2·2·3·3법은 처음에는 본전으로 2를 이기는 것이지만 마지막 3은 이미 7을 따두고 3을 이기는 것이기 때문에 더 쉽다.

3,000만원으로 시작해 목표가 1000만원일 경우 처음에는 천만원을 200, 200, 300, 300만원으로 나누었다고 보자. 목표액 1000만원은 200, 200, 300, 300으로 쪼개져야 하고 처음에는 3000으로 200을 따는 게임이지만 맨 나중 300은 3700으로 300을 이기는 게임이기 때문에 훨씬 쉬워지는 것이다. 따라서 목표를 쪼갰을 때에는 맨 처음 목표를 얼마나 안전하고 성공적으로 달성하느냐가 목표를 이루느냐 못 이루느냐의 바로미터가 된다.

이렇게 2·2·3·3의 고전적 방법을 자신의 주된 전략으로 삼으면 마음이 흔들리지도 불안하지도 않고 작은 목표들은 끌어 모아서, 궁극적으로는 자신의 목표를 달성하기가 아주 쉬워지는 것이다.

자리를 자주 떠나라

바카라에 있어서 자리를 자주 떠나는 것은 아주 중요하다. 바카라는 너무도 갑자기 분위기가 변하는 게임이다.

여러분도 모두 잘 알겠지만 바카라에서 뱅커와 플레이어가 평화롭게 거의 반씩 나오다가도 삽시간에 플레이어 천지로 또는 뱅커 천지로 변해버리는 건 비일비재하다. 룰렛에서도 레드만 달아서 대여섯 번 나오다 갑자기 블랙이 쏟아지고 블랙잭에서도 이제껏 버스트 아웃만 되던 딜러 패가 갑자기 블랙잭만 쏟아지는 경우도 이루 말할 수 없이 많다.

이처럼 카지노의 카드 패는 어떤 조짐도 없이 갑자기 변하기 때문에 이제까지의 패턴에 따라 큰 벳을 하던 사람들은 갑자기 벳을 바꿀 수 없고 또 실패한 몇 번의 벳을 만회하기 위해 벳을 한껏 키우게 된다.

사람은 갑자기 변하는 상황을 유연하게 따라잡기가 매우 어렵고 분위기가 바뀔 때는 연속으로 대여섯 번 이상 틀리기 때문에 패턴이 바뀔 때에는 너나 할 것 없이 순식간에 조심스럽게 이겨왔던 수입을 모조리 털어 넣을 뿐만 아니라 본전까지도 불과 몇 번의 벳으로 털려버리기도 한다.

이렇게 갑자기 패턴이 변하는 것을 어떻게 피할 것인가. 방법은 자주 자리를 뜨는 것이다. 네댓 번 혹은 예닐곱 번의 핸드를 비켜서 바람을 쐬고 오든 화장실에 갔다 오든 또는 서서 서성이든 어떻게 하든 그 자리를 뜨면 갑자기 변하는 패턴으로부터 살아남을 수 있다. 잠시 자리를 비웠다 온 사이에 사람들이 갑자기 웃고 떠들며 좋아하던 분위기가 참혹할 정도로 조용해져 있는 걸 경험한 적이 있을 것이다.

우연이지만 이것은 자리를 떠나 패턴이 갑작스럽게 변하는 순간을 피한 경우인데 이런 우연을 자신의 기술로 채택하기 위해서는 습관적으로 자리를 뜨는 게 좋다.

필자가 앞에서 목표를 채우면 뒤를 돌아보지 말고 자리에서 일어나라는 것도 사실 이런 점을 고려했다. 어떤 사람들은 흐름이 이렇게 좋은데 왜 일어나는가 하고 반문하겠지만 바카라의 위기는 항상 그림이 좋은 바로 그 순간부터 찾아오기 때문이다.

아이로니컬하지만 성격이 아주 급한 사람을 제외하곤 사

람들이 나쁜 패턴에서 많이 잃지 않는다. 조심하기 때문이다. 그러나 좋은 패턴에서는 너나 할 것 없이 벳을 높인다. 바로 그 순간 그림이 변하면 삽시간에 붕괴하고 만다.

패턴이 좋다는 것은 거꾸로 위기도 잠재적으로 쌓여 있다는 것을 의미한다.

목표를 수월하게 정하고 이기면 가차 없이 자리를 떠났다가 온다든지 아니면 목표를 이기지 못했더라도 가끔 자리를 뜨는 것은 갑작스런 그림의 변화로부터 자신을 지킬 수 있는 좋은 방법이다.

아까 설명한 2·2·3·3의 고전적 방법에서 한 목표를 이길 때마다 자리를 떠서 열기를 식히고 또 자신도 모르게 벳이 커져 있는 것을 조절하고, 또 패턴이 바뀌는 위기도 피하는 것은 매우 현명하다.

가능하면 자리에 앉지 말라

가끔 자리를 떠서 그림을 피하는 것과 같은 맥락이다. 그런데 여기는 또 하나의 좋은 장점이 있다. 대만의 최고 고수가운데 한 사람이었던 차우 씨는 마카오에서 테이블에 앉지 않기로 유명하다. 그는 아무리 다리가 아파도 절대 자리에 앉지 않는다.

마카오의 리스보아 카지노는 방 하나에 바카라 테이블이 수십 개씩 있기 때문에 또는 카지노 전체로는 수백 수천 개의 테이블이 있기 때문에 이 사람은 절대 자리에 앉지 않고 다리품을 팔아가면서 사람들이 구름떼처럼 모여 있는 곳, 즉 그림이 아주 잘 나오고 있는 테이블에 가서 선 채 벳을 한다. 아무래도 그 시간에 그 장소에서 가장 그림이 잘 나오고 있는 테이블이 기 때문에 확률이 높은 것은 틀림없다. 물론 잘 나오다가도 본인이 벳을 했을 때에 그림이 바뀌는 수도 있다. 많다. 이럴 때는 바로 거기를 떠나버리는 것이다. 즉,

한 번 벳을 해서 좋지 않으면 바로 떠나버리기 때문에 계속적인 위험은 피한다. 여러분도 많이 경험하겠지만 바카라는 그림이 잘 나올 때는 달아서 많이 맞히고 그림이 나쁠 때에는 귀신이 곡할 정도로 가는 곳마다 무조건 진다. 그렇게 해서 예닐곱 번을 달아서 지는 것은 너무도 흔하다. 그러나 차우 씨처럼 테이블에 앉지 않으면 나쁜 그림은 단 한 번 실패하고 떠나버리게 되는 것이다.

개인적인 여담이지만 필자는 세계의 숱한 프로 도박사 가운데 라스베이거스의 모 씨와 함께 이 차우 씨만큼은 인정해준다. 그들의 플레이를 들여다보면, 인정해줄 수밖에 없는 나름대로 의 확실한 이유가 있다.

자리에 앉지 않는 전략. 테이블이 여럿 있는 곳에서는 틀림없이 고려해볼 만한 기술이다.

관심과 칭찬의 중심에
서려고 하지 말라

동물은 눈에 흰자위를 가지고 있지 않다. 먹고 먹히는 치열한 생존경쟁 속에서 흰자위가 있으면 눈이 어디로 향하고 있는지를 드러내게 되고, 포식동물은 포식동물대로 잡아먹히는 동물은 잡아먹히는 동물대로 자신의 의도를 눈치채이기 때문이다.

그러나 인간은 이와 반대로 눈의 많은 부분을 흰자위가 차지하고 있다. 즉, 나의 시선이 어디로 향하는가를 남들이 알게 하려는 것이다. 한마디로 인간은 관계의 동물이다. 즉, 내가 너에게 관심을 가지고 있다는 사실을 흰자위를 통해 드러내는 것이다.

따라서 인간은 남의 비난이나 칭찬에 매우 예민하다. 사람이 생존을 위협받을 정도로 어려울 때에는 남의 관심이나 칭찬에 전혀 개의치 않는다. 하지만 상황이 좋아지면 인간은 이내 남의 비난과 칭찬에 극히 예민하게 된다.

비난과 칭찬 중에 특히 칭찬이 사람에게 주는 영향이 훨씬 큰 걸로 보인다. 블랙잭이든 바카라든 카지노에서 테이블 게임을 하다 보면 게임이 잘될 때가 있다. 그러다 보면 딜러나 주변에 같이 게임을 하던 손님들이 칭찬을 하거나 존경하는 눈으로 바라보기도 한다.

그러나 도박에서 남의 관심이나 칭찬을 받게 되면 매우 좋지 않다. 이럴 때는 즉각 자리에서 일어나 쉬든지 다른 테이블로 옮겨 가야만 한다.

도박은 고도의 심리 게임이기 때문에 일단 마음이 평상심에서 벗어나면 그것이 나쁜 방향으로 작용한다.

따라서 남의 관심을 받거나 칭찬을 들으려고 하지 말 것은 말할 필요도 없고 일단 그런 상황에 부닥쳤을 때에는 빨리 몸을 피해야 하는 것이다. 그런데 어떤 사람은 줄곧 남의 관심을 끌거나 남의 존경을 받거나 칭찬을 들으려 한다.

이것이야말로 영원한 패자가 되는 지름길이다. 관심과 칭찬을 피해야 하는 것은 그 반대의 경우를 보면 잘 알 수 있다. 우리가 테이블에서 게임을 할 때에 누군가 아주 눈에 거슬리는 사람이 있을 때 그 사람을 바로 죽여버리는(?) 좋은 방법이 있다.

그것은 바로 그를 칭찬하는 것이다. '아, 당신을 따라갔더니 비로소 되는군요' 또는 '당신이야말로 우리의 리더입니다' 또는 '당신처럼 게임을 잘하는 사람은 내 이제까지 본 적이 없습니다'라는 말 몇 마디만 하면 어느새 상대방은 가장 먼저 잃고 만다.

　　이것은 바로 관심이나 칭찬이 게임에서 얼마나 해로운가를 보여주는 반증이라고 할 것이다. 관심과 칭찬을 끌지 말며 받았을 경우에는 즉각 자리를 뜨는 게 최선이다.

욕을 하거나
남을 미워하지 말라

바카라는 고도의 심리 게임이자 매우 섬세한 게임이기 때문에 처음부터 끝까지 테이블의 모든 것이 마음에 와서 쌓이기 마련이다. 게임 중의 전화 한 통이 승패를 확 갈라버리기도 하기 때문에 게임을 하는 사람은 항상 마음을 차분하게 가라앉히고 쓸데없는 감정적 동요를 막아야 한다.

그런데 마음에 들지 않는 상황이란 어디에 가나 있기 마련이다. 만약 카지노에서 마음에 들지 않는 상황이 생기고 따라서 기분이 나빠진다면 바로 게임을 중단하거나 아예 시작하지 않는 것이 옳다. 무엇보다도 게임을 하는 사람은 그런 상황이 초래되지 않도록 자신을 다스려야 하는 것이다. 그러기 위해서는 먼저 마음의 수양을 해야 하고 이 세상에 대한 폭넓은 이해심을 키워야 된다.

세상의 모든 일이 다 주변 상황과 남의 탓으로 일어난 것 같지만 곰곰 생각하면 언제나 책임은 자신에게 있다. 즉, 모든 것이 내 탓인 것이다. 이것을 깨닫지 못하고 항상 남의 탓으로 미루면 그 사람은 역시 게임에서 패자가 되고 만다.

모든 것을 자신의 탓으로 돌리는 사람은 그 문제의 원인에서부터 진행되는 과정과 결과를 받아들이고 곰곰 분석하고 반성한다. 하지만 남의 탓으로 미루어버리면 상대에 대한 증오와 쓸데없는 오해만 가지게 됨은 말할 것도 없고 자신도 차츰 가볍고 야비한 사람으로 변해간다.

일단 주변에 대한 미움과 원망을 가지지 않도록 마음의 중심을 잡아야 하고 게임 중에는 말조차 아껴야 한다. 쓸데없이 웃거나 농담을 하거나 게임이 잘될 경우 들떠 고함을 지르거나 하는 사람들이 있다. 물론 이들은 영원히 아마추어를 면할 수 없다. 진정한 프로는 자신의 목표를 이룰 때까지 입을 굳게 다물고 눈을 번득이며 머릿속으로 쉴 새 없는 계산을 하고 상황을 살피는 것이다. 그러기 위해서는 말을 해서 기가 새게 하면 안 된다.

여담이지만 라스베이거스의 어느 고참 딜러는 필자를 무척 존경한다고 내놓고 이야기하는데 그 이유가 어느 경우든 표정이 변하지 않고 말이 없기 때문이라는 것이었다.

말을 해서도 안 되는데 어떤 사람들은 버릇처럼 욕을 하는 경우도 있다. 좋은 패가 들어와서 이겼을 때에는 웃고 떠들고 고함을 지르고 그 반대로 잃었을 때는 바로 욕지거리를 내뱉거나 심지어는 카드를 찢는 사람도 있다.

당연히 파멸에 이르는 지름길이다.

카지노에서 게임을 하게 되면 주변에 매니저들이나 딜러나 기타 여러 직원이 지켜본다. 그런데 이들에 대해서도 까닭 없는 적개심을 드러낸다거나 마치 아랫사람을 대하듯 심한 반말을 하고 마구잡이로 욕을 하는 사람도 있다.

이는 물론 자신의 내면이 붕괴될 뿐만 아니라 사람들의 원망과 분노를 사게 되고 그것은 결국 분위기로 형성이 된다. 이러한 분위기가 게임에 도움이 되지 않음은 말할 것도 없다. 물론 딜러나 매니저들은 그것이 자신의 직장이기 때문에 어떤 수모를 겪거나 욕을 듣더라도 웃어넘긴다. 하지만 그럴수록 가슴 속에는 증오가 쌓이게 되고 이것이 유리하게 작용할 리는 절대 없다.

말을 아끼는 것, 욕을 하지 않는 것, 주변에 대한 점잖고 진지한 매너를 갖추는 것 이런 것들은 승리를 위한 첫걸음인 것을 잊지 말아야 한다.

그러고 보면 도박과 인생은 너무 닮았다.

배가 부른 상태에서
게임을 하지 말라

어떤 사람은 일단 게임을 시작하면 거기에 빠져 아무것도 먹지 않는다. 한 끼 건너뛰는 것은 말할 것도 없고, 두 끼, 세 끼, 심지어는 이틀 사흘도 굶는다. 이것은 욕망을 제어하지 못하기 때문에 나타나는 결과인데 물론 매우 좋지 않다.

항상 평형감각을 가져야 게임을 관찰할 수 있고 이겨낼 수 있다. 그러나 이토록 탐욕에 사로잡혀 몸에 어떠한 휴식이나 에너지도 공급해주지 않는다면 신선하고 날카로운 관찰을 할 수 없음은 말할 것도 없다.

따라서 최고의 컨디션을 유지하기 위해 몸 관리를 하는 것이 중요하다. 좋은 몸에서 좋은 정신이 나오는 것은 동서양을 막론하고 수많은 격언이 보여주고 있다.

이와 반대로 배가 부른 상태에서 게임을 하는 것도 아주 좋지 않다. 사람은 배가 불렀을 때에는 날카롭고 예민한 판단을 하기가 어렵다. 또한 겁이 많아지고 변화를 싫어하기 때문에 상황에 그냥 끌려가버리기 일쑤다.

또한 몸과 정신이 지치고 될 대로 되라는 식으로 정신이 혼미해져 처음의 그 강렬했던 투지와 결의가 사라져버리는 경우가 많다. 적당히 에너지를 보충하고 컨디션을 유지하되 배가 부를 정도로 된 상태에서 게임을 하면 안 될 것이다.

그런데 게임과 식사에 있어서 하나 관리할 것이 있다. 어떤 사람들은 게임을 잠시 쉬는 동안 급히 식사를 하고 바로 또 자리에 앉는다. 이런 사람들은 게임이란 늘 따게 되어 있는 걸로 생각하기 때문에 그 시간이 그만큼 아까운 것이다. 마치 주식이란 늘 오르기 마련이라고 생각하고 종목 불문하고 마구 사대는 사람과 다를 바가 전혀 없다.

식사는 충분한 시간을 두고 해야 하고 식사 후에는 또 적절한 휴식을 취하는 것이 중요하기 때문에 게임 중에 서둘러서 식사를 하고 바로 자리에 앉아서 다시 게임을 하는 습관은 가지지 않는 게 좋다.

게임은 한두 번 하고 마는 것이 아니고 오랜 세월을 해야 하기 때문에 좋은 습관을 키우는 것이 바로 자신을 이기는 사람으로 만드는 첩경이다.

카지노 시크릿

세수나 샤워를 하지 않은 상태에서
게임을 하지 말라

사람은 사회생활을 하기 때문에 여러 가지 사회적 습관이 유전으로 전해져 내려오고 있다. 즉 아침에 일어나서 사회로 나갈 때에는 세수나 샤워를 하는 것이 습관화되어 있고, 또 새로운 날에 대한 기대와 할 일에 대한 계획들이 이 세수나 샤워를 하면서 구체화되기 마련이다.

게임을 하기 전에 항상 세수나 샤워를 하는 것도 좋은 습관이다. 하루에 몇 번 이상씩 하는 것이다. 사우나를 갔다 와서 게임을 하는 것도 권할 만하고 방에 올라가서 자꾸 샤워를 하면서 이제까지 진행되어 온 게임을 생각하고 그 다음 게임을 설계하는 것이 좋다. 물론 이와 같은 맥락에서 잠도 충분히 자야 할 것이다.

게임은 바카라든 블랙잭이든 일종의 운동경기와 다를 바가 없다. 모든 스포츠가 단지 몸으로 하는 것 같지만 거기에는 강한 정신이 뒷받침되어야 하듯이 테이블 게임도 오로지 머리로 하는 것 같지만 거기에 강한 체력과 정신력이 뒷받침되어야 한다. 이런 체력과 정신력은 적절한 자기 관리와 휴식을 통해서 이루어지기 때문에 세수와 샤워는 필수적이다. 세수나 샤워를 할 여유도 없이 바로 테이블에 앉는다면 여러분은 100%의 컨디션이 아니라 50%의 컨디션으로 이기겠다고 덤벼드는 탐욕스러운 곰으로 전락하게 될 것이다.

승부는 테이블에서 어떤 카드가 떨어지느냐에 따라서 결정되어지는 걸로 여러분은 생각하겠지만 사실 그렇지가 않다. 카지노에서 운영되는 모든 게임은 결국은 카지노가 이기게 되어 있기 때문에 그 틈을 노려야 하고, 그 틈을 노리는 것은 오로지 자신의 특성에 맞게 설계한 바로 그 전략으로 말미암아 가능하다.

그런데 이 전략은 한두 번의 게임에서는 절대 효과를 나타내지 못한다. 오랜 시간 전략을 실행할 때에 승리가 가능한 것이고, 아주 사소한 습관일지라도 자신을 이기는 사람으로 만 는 데에 큰 역할을 하게 된다. 그러니 오히려 사소한 것일수록 더 지키려고 하는 것이 중요하다. 세수와 샤워. 너무나 사소한 것이지만 이것이 게임을 결정하는 결정적 요소가 될 수 있다는 것을 잊지 말라.

카지노 시크릿

탄산음료를 마시지 말라

　게임을 하면 목이 탄다. 누구든 습관적으로 음료수를 주문하게 되어 있는데 이때에 어떤 사람들은 술을 주문하고 대개의 사람들은 탄산음료 또는 단 음료를 주문한다. 그러나 술이나 탄산음료, 단 음료 모두 좋지 않다. 물론 이것은 몸에 에너지를 공급하기 때문에 피로를 회복하는 데는 좋을 것이다. 그러나 피로는 다른 식으로 회복하도록 하고 술이나 탄산음료, 단 음료보다는 물을 마시는 게 좋다.

　왜 술이나 탄산음료나 단 음료를 마시는 게 좋지 않은가 하면 이런 음료들은 사람의 성질을 급하게 만들기 때문에 게임에 도움이 되지 않기 때문이다. 항상 차고 맑은 물을 자주 마시는 것이 게임에 도움이 된다는 것을 잊지 말았으면 한다.

혼자 게임하지 말라

바카라는 패턴의 변화가 워낙 심하기 때문에 혼자서 그 변화를 다 감당한다는 것은 상당히 불리하다.

감이 틀리거나 연속적으로 질 때는 어느 정도 쉬는 것이 좋다. 그러나 혼자 게임을 하다 보면 이렇게 자리를 뜨기가 어려운 경우가 종종 있다. 물론 목표를 가진 승부사라면 온 세상이 말려도 자리에서 일어나서 게임을 쉬어야 할 것이지만 여러 가지 이유로 혼자 게임할 때는 자리를 잘 뜨지 않게 되는데, 이것은 매우 불리한 조건에서 게임을 하는 것이다.

이와 반대로 여러 사람과 더불어 게임을 하게 되면 다른 사람의 감도 참고로 할 수 있고, 자신이 벳을 하고 싶지 않을 때에는 쉬면서 게임의 흐름을 관망할 수도 있다.

혼자 게임을 하는 것은 이외에도 여러 가지 문제를 가지고 있지만 성격이 온순하고 평화적인 사람들은 매너가 좋지 않은 사람들과 어울려서 게임을 하기를 극히 싫어한다. 그러

카지노 시크릿

다 보니 자연히 혼자 게임을 하게 되는데 이것은 자신의 성격을 약간씩 고쳐야 한다.

어차피 카지노라는 것이 성당이나 절간같이 수양을 하고자 하는 사람들이 와서 차분히 사색을 하는 곳이 아니고, 좀 거칠게 말하자면 돈 놓고 돈 먹는 곳이기 때문에 지나치게 고요하고 평화로운 분위기만 좇는 것도 장애가 될 수 있다.

이런 경우는 여러 사람과 더불어 게임을 하되 남에 대한 미움이나 감정을 가지지 않도록 자신을 조절해 나가는 습관을 키워야 한다. 다소 거칠고 억지가 심한 사람이 있다 하더라도 악어나 사자 앞에 서면 하찮은 먹잇감에 불과하다고 생각하면 그런 증오나 미움이 많이 없어질 것이다.

석가여래는 이 세상을 있는 그대로 보았기 때문에 아무런 미움이나 증오를 가지지 않을 수 있었다. 여래라는 말 자체가 '이처럼 온다'의 '같을 여, 올 래'이다. 즉, 자신의 생각이나 바람과는 아무 상관없이 자연스럽게 비가 내리고 눈이 내리듯 삼라만상은 자연스럽게 오는 것이다.

여기에 자신의 감정이 무슨 소용이 있단 말인가. 석가는 이렇게 보기 시작했기 때문에 더 큰 것을 볼 수 있었고 결국은 최고의 깨달음을 얻을 수 있었다.

이런 깨달음의 자세는 도박에서도 극히 필요하다. 좀 더 넓게 보고, 좀 더 상대를 이해하면 게임에 도움이 많이 된다. 그러나 이런 감정을 쓸데없이 상대방에게 우호적으로 나타내거나 말을 걸 필요는 없다. 그것은 또 오히려 방해가 된다.

가진 돈의 액수에
좌우되지 말라

카지노 게임은 워낙 흐름이 급하고 베팅이 크기 때문에 가지고 있는 돈의 액수는 사실 크게 중요하지 않다. 어떤 사람이라도 작은 돈으로 큰돈을 따본 경험이 있을 테고 큰돈을 눈 깜짝할 사이에 다 잃어버린 경우도 있을 것이다.

그래서 프로들은 가진 돈의 액수보다도 게임을 어떻게 해나가느냐에 비중을 둔다. 이런 정도의 수준이 되지 않는 사람들은 언제나 가지고 있는 돈의 액수에 집착하게 마련이다. 필자에게도 많은 돈을 가졌을 때보다 오히려 한 번의 제대로 된 베팅을 할 돈도 되지 않았을 경우에 진지하고 섬세하게 시간과 싸워 결국은 상상할 수 없는 큰돈을 만들었던 기억들이 있다.

카지노 게임을 하면서 돈의 액수에 좌우된다면 당신은 아직도 갈 길이 한참 멀었다. 또한 돈의 액수에 좌우되지 않는 것은 전략적으로도 매우 중요하다. 돈의 액수를 믿으면 주의력이 흩어져 교만하고 무모한 심리로 마구 벳을 해대기 때문에 무너질 가능성이 오히려 크다. 이와는 반대로 작은 돈을 가진 사람의 경우 더욱 조심하고 잃으면 끝이라는 심정으로 참고 참아 가장 확률이 높은 때를 기다려 벳을 하기 때문에 의외로 게임이 잘 풀리기도 하다.

가진 돈이 적다고 생각될 때는 먼저 자신의 욕심이 지나치게 크지 않은가 반문하는 게 낫다. 한마디로 돈의 액수는 신기루에 불과하다.

카드를 보려고 하지 말라

바카라에서 딜러가 혼자서 카드를 오픈하는 게임이 있다. 이것을 보통 미니 바카라라고 하는데 게임의 진행이 매우 빠른 반면에 생각할 시간이 충분치 못한 단점이 있다. 대략 오래 숙달이 된 사람은 감각적으로 플레이를 하기 때문에 이런 게임 방식을 선호하기도 하지만 초보자나 그림 위주로 플레이를 하는 사람에게는 아무래도 생각할 시간이 적은 단점이 있다. 그러나 사람들이 생각도 하지 못하는 이 점이 장점이 될 수도 있다. 물론 재미 삼아 카드를 하는 사람은 매우 싫어하겠지만 목표를 가지고 게임을 이기고자 하는 사람에게는 카드를 보고 싶어 하는 기분을 아예 없애고 게임에 집중하게 만들어주기 때문이다.

카드를 보는 것은 왜 나쁠까. 카드를 보려면 아무래도 베팅액이 커야 한다. 바카라는 베팅을 많이 하는 사람 순서대로 카드를 주기 때문에 자연히 카드를 보려고 하면 베팅을 많이 하게 되어 있다. 그렇다면 이것은 우리가 이제까지 연구해 온 안전한 게임과는 거리가 먼 것이다. 게임을 할 때에 보면 항상 자신의 카드를 보려고 하는 사람이 있다. 물론 잘되면 돈도 따고 재미도 있어서 최고이지만 그 외의 경우는 카드를 항상 보는 사람이 대개 돈을 잃게 되어 있다. 즉, 베팅이 소액부터 고액까지 베팅의 범위가 넓어야 기술적인 게임을 할 수가 있는데 항상 큰돈을 대는 사람은 그만치 테크니컬한 게임을 할 수가 없는 것이다. 그러므로 카드를 늘상 보기 위해서 큰 베팅을 하는 것은 옳지 않다. 또한 카드를 보다 보면 다른 손님하고의 마찰이 많이 생길 수 있다. 다른 손님 역시 카드를 보고 싶어 하기 때문에 베팅을 조금 하고도 그림을 자기가 보겠다고 나서기도 한다. 비록 돈을 많이 대도 연달아 몇 번을 지면 계속해서 보겠다고 고집하기도 어려운 측면이 있어서 본래 자신이 하고자 하는 게임과는 상당히 다른 방향으로 흘러가기 쉽다.

목표가 뚜렷하면 카드를 보는 재미쯤은 얼마든지 희생해도 상관이 없다. 어떤 사람들은 오히려 카드를 결코 보지 않으려고 하기도 한다. 이것은 게임과 재미를 분명히 구분하기 때문인데 바람직한 태도라고 볼 수 있다.

부부나 형제가
같이 게임하지 말라

바카라는 우리가 살펴봤듯이 룰 자체로는 손님이 지게 되어 있는 게임이다. 따라서 테크니컬하게 게임을 운영해 치고 빠져서 게임 사이사이의 상황을 이용해 이겨야 한다. 그러므로 기동성이 강해야 한다. 즉, 자유자재로 아무것에도 걸리지 않고 가볍게 움직여야 하는데, 이 세상에서 가장 가까운 사람과 같이 게임을 하게 되면 그렇게 되지 않는다.

바카라를 하는 사람들 중에는 부부가 같이 하거나 형제가 같이 하거나 또는 아주 친한 친구와 같이 하는 경우가 있다. 이 세 경우는 모두가 바람직하지 못하다. 어떤 경우 운이 좋아서 내가 많이 이겼다 하더라도 부인이 같이 이겨 있는 경우가 그렇게 많지 않다. 형제도 마찬가지고 물론 친구도 마찬가지이다. 모두가 다 이겨야 되는데 혼자 이기기도 쉽지 않은 게임이 모두가 다 이길 때라야만 만족스럽다면 이긴 채 카지노를 빠져나갈 확률은 훨씬 낮을 것이다.

또한 게임을 하다 보면 가까운 사람과 정반대의 감각을 가지게 될 경우가 종종 있다. 이럴 때 미묘한 감정의 충돌이 일어나는데 이것이 결국은 게임을 그르치는 경우도 있다. 인간이란 돈도 돈이지만 언제 어떤 상황에서도 자신을 입증하고 싶어 하는 존재이다. 즉 자신이 만만치 않은 존재란 걸 증명하고 싶어 하거나 또는 뭔가 잘못된 일이 있으면 반드시 변명을 통해 자신을 정당화하고 싶어 하는 존재이다.

혼자 있을 때는 이런 마음이 들지 않지만 누군가가 옆에 있다면 그리고 그것이 나와 가까운 사람이라면 이런 감정은 더욱 강해진다. 오랜 동안 관찰해 본 결과 부부가 같이 카지노 게임을 해서 불행해지지 않는 경우는 보지 못했다.

부부가 같이 용감하게 카지노에 출입하기 시작했을 때에 이미 그 집은 뿌리부터 흔들린다고 봐야 한다. 그리고 몇 배 빠른 속도로 무너지고 또 철저히 무너진다.

부부나 형제가 같이 게임하는 것은 승률도 나오지 않지만 가정의 존재 자체에 크나큰 위험이 되기 때문에 결코 해서는 안 된다.

럭키 머니를 받지 말라

카지노에서 게임을 하다 보면 돈을 많이 이긴 사람이 기분이 좋아서 한두 개의 칩을 주는 경우가 있다. 또는 경비로 쓰라고 얼마간 현금을 건네주는 경우도 있다. 고맙지만 이런 경우 가급적 받지 않아야 한다.

이 적은 돈이 이미 큰돈을 잃고 난 상태에서 도움이 될 리도 만무하거니와 이것은 승부사로서의 각오와 결의를 흩뜨리는 역할을 하기 때문에 바람직하지 못하다.

카지노와 승부를 하러 갈 때에는 처와 자식을 먼저 베고 황산벌로 나간 계백 장군과 같은 단호함으로 자신을 무장해야 한다고 앞에서도 말한 바 있다. 그러나 카지노에서 이런 돈을 받는 것은 스스로 그 결의를 무너뜨리고 그 엄숙함과 진지함을 흩뜨리는 결과를 초래한다. 더군다나 카지노에서는 만나는 사람들이란 반드시 또 만나게 되기 때문에 이런 기억은 자신이 이기는 사람이 되기 위한 여러 가지 원칙을 깨뜨리게 만든다. 즉 사람과 사귀지 말고, 말을 하지 말고, 혼자서 외롭게 싸워야 하는 그런 승부사의 자세가 이런 식으로 사람들과 친교를 트게 되면서 깨지기 마련이다.

또한 한 푼이 아쉬운 때에 상대가 자신에게 아량을 베풀었듯 자기도 아량을 베풀어야 한다는 중압감에 시달리게 된다. 이럴 때는 상대의 눈빛이나 행동도 더욱 의미심장해 보인다. 의도하지 않은 몸짓이라 하더라도 이편에서 볼 때는 '나는 당신에게 줬는데, 당신은 나한테 안 주는 거요?'라는 식으로 보이기 때문에 마음의 안정을 흔든다.

쪼잔한 사람이 되지 않기 위한 생각과 행위가 결국은 게임에 방해가 되기 때문에 그 근원이 되는 럭키 머니는 그냥 웃으면서 고개를 끄덕여 고맙다는 표시만 하고 받지 않는 것이 올바르다.

장시간 게임을 하지 말라

시간은 모든 것을 흩뜨린다. 분노도, 사랑도. 시간이 감에 따라 자꾸 흐트러지고 희석되는 것이다. 일련의 결의도 마찬가지이다. 단호한 마음으로 테이블에 앉았지만 시간이 감에 따라서 그 단호함은 점점 흐트러지게 된다.

바카라는 기본적으로 매우 재미가 있기 때문에 하다 보면 그 재미에 휩쓸리게 되고 따라서 급박한 바깥의 상황과 집에서 자신이 보내줄 돈을 기다리고 있는 처자식을 차츰 잊어버리고 게임 자체의 재미에 빠져 엄청난 금액을 아무런 자극도 없이 밀었다 당겼다 하면서 차츰 승부의식이 약해지는 것이다.

이외에도 오랜 동안 게임을 하게 되면 많은 나쁜 점들이 있다. 특히 목표를 정하고 게임을 하는 사람이라면 애초 계획했던 목표 달성식 게임이 아니라 걷잡을 수 없는 탐욕에 사로잡혀 무계획한 게임을 하게 되는 결과를 초래하게 된다.

어찌됐든 게임은 결코 오래할 일이 아니다.

큰돈이 필요하다 하더라도 짧은 시간의 게임을 여러 번해서 목표를 채워야지 오랫동안 앉아서는 승부에 거의 이길수가 없다. 게임 시간을 짧게 하는 것은 집중력을 높이고 게임에 휩쓸려 들어가서 시간, 공간 감각을 잃고 헤매게 되는걸 방지하게 해준다.

카지노를 의심하지 말라

어떤 사람들은 여러 가지 이유로 카지노를 의심한다.

세상의 일이란 일단 색안경을 끼고 보면 모든 것이 수상하게 보이기 마련이다. 카지노 딜러가 셔플을 하는 것도 수상하고 딜링을 하는 것도 수상하고 이미 셔플이 되어 있는 카드를 가지고 오는 것도 수상하기 짝이 없다.

이렇게 되면 자신이 평소에 매우 좋아하던 패턴이 나와도 그것조차 함정이 아닌가 의심되기 마련이다. 그러면 차츰 위축되어 벳이 나가지 않고 결국 이런 의심은 게임을 반드시 망치게 만든다.

사실 카지노가 아닌 다음에는 카지노 자체에서 카드를 가지고 손님을 속이는 일은 없다. 하지만 너무 오랫동안 적자가 계속되거나 주인이 자주 바뀌는 작은 카지노는 의심해 볼 필요가 있는데, 이런 작은 카지노에는 아예 들어가지 않는 것이 정답이기 때문에 보통의 사람들이 출입하는 카지노를 의심할 필요는 없다.

또한 항간에는 카지노 딜러들이 도저히 인간으로서는 상상도 할 수 없는 속임수를 쓴다는 각종 루머가 널려 있다. 하지만 그 어느 것도 옳지 않다.

과거 어떤 저질 카지노에서는 통을 통째로 바꾸는 등의 방법으로 속임수를 쓰기는 했지만 1990년대에 들어와서는 세계 적으로 그런 카지노는 완전히 자취를 감추었다. 쓸데없이 카지노를 의심해서 패배를 자초하지 말기 바란다.

또한 셔플머신 역시 마찬가지이다. 셔플머신이 처음 등장하자 많은 사람들이 그 머신 때문에 졌다고 생각했다. 그렇다면 이들이 그 머신이 나오기 전에는 이겼는가 하면 그것도 아닌데 말이다. 늘 패배하는 것은 같은데 사람들은 무엇인가를 끌어들여 변명하고자 하는 본능이 있기 때문에 셔플머신을 탓한 것이다. 그러나 이제는 셔플머신도 완전히 오해를 벗은 것 같다. 어찌됐든 카지노를 의심할 필요가 없다는 것이 필자의 조언이다. 그리고 의심이 되는 카지노는 아예 출입하지 않는 것이 원칙이다.

이겼을 때는 진 것처럼,
졌을 때는 이긴 것처럼 행동하라

어떤 사람은 얼굴만 보면 게임에서 졌는지 이겼는지 금방 알 수가 있다. 이겼을 때는 말이 많고 행동이 당당하고, 졌을 때에는 표정이나 안색이나 걸음걸이까지도 초라해서 누가 보아도 졌다는 것을 알 수 있도록 행동한다.

그런데 이것은 아주 잘못된 것이다. 카지노에서의 승리는 단지 테이블에서 이기는 것만이 아니고 돈을 가지고 카지노를 완전히 벗어나 집으로 돌아올 때라야만 이기는 것이다. 그런데 게임에서는 이겼다 하더라도 기타 카지노에서 일어나는 여러 가지 일과 미묘한 분위기로 그 승리를 간직하지 못하는 경우도 꽤 있다.

돈을 많이 이긴 것 같은 표정을 하고 있으면 알 수 없는 나쁜 일에 휘말리기 쉽다. 그러나 얼굴을 푹 숙이고 초라한 표정으로 있으면 혹시 저 패자가 자신에게 올까 봐 모른 척하는 분위기도 많다. 즉, 돈을 많이 이겼을 때에는 이렇게 자신을 보호하는 것이다. 반대로 졌을 때에는 축 처져 패배자의 길을 걸을 게 아니라 비록 이번 게임은 졌다 하더라도 영원히 진 것은 아니라는 각오를 다져야 한다.

무엇보다 승부사는 자신의 패배한 모습을 남에게 보여주려 해서는 안 된다. 그것은 동냥 다니는 거지의 마음이지 첩첩산중을 뚫고 승부를 이겨내겠다는 사람의 자세와는 거리가 먼 것이다.

이겼을 때는 진 것처럼, 졌을 때는 이긴 것처럼 행동하는 것이 승부사의 바른 처신이다.

카지노 시크릿

각 문파의
테크닉
TECHNIQUE

이 세상에는 바카라의 승자가 되기 위해서 그 게임을 연구하는 수없이 많은 사람들이 있다. 이들은 아예 세상과 인연을 끊고 오로 지 카지노 안에서 또는 자신의 책상위에서 바카라를 이기기 위한 공식을 발견하기 위해 필생의 힘을 다하고 있는 것이다. 이들 중에는 집에서 하루 열 시간 이상씩 모의 게임을 하며 바카라를 연구하는 사람도 있는가 하면 실제 카지노에서 매일 조금씩의 돈을 가지고 실전을 통해 이기는 습관을 들이는 사람도 있다. 이들의 숫자는 상상할 수도 없을 정도로 많다.

마카오나 라스베이거스에 몰려드는 전 세계의 프로 도박사들뿐만 아니라 대학교수나 은퇴한 고급 관리 또는 사업가까지, 상상조차 할 수 없을 정도의 직책과 신분을 가진 사람들도 이 바카라 연구에 몰두하고 있다. 그도 그럴 것이 가장 자유롭고 쉬우면서도 많은 돈을 이길 수 있는 게 바카라라고 생각하다 보니 수없이 많은 사람들이 이런 연구를 하는 것이다. 그럼 이들의 연구 결과는 현재 어느 정도 성과를 이루고 있을까. 한마디로 바카라를 이기는 룰이나 공식 같은 것은 없다는 것이다. 간혹 인터넷 등에 바카라에 이길 수 있는 완전무결한 공식을 개발했다고 하는 사람들이 있다. 물론 이들 모두 엉터리이거나 순간적인 착각이다. 어쨌든 수많은 사람들이 이 바카라를 연구하고 있지만 결론은 단 하나, 바카라를 이기는 어떤 공식이나 규칙은 존재하지 않는다는 것이다.

필자는 외국의 카지노에서 중국인들을 비롯한 많은 사람들로부터 어떻게 하면 바카라를 이길 수 있는지 가르쳐달라는 요청을 받곤 한다. 그때 필자는 이렇게 물어본다. 당신은 100만원 가지고 만원을 이길 수 있는가. 그러면 모두 웃는다. 세상에 100만원 가지고 만원을 못 이기는 사람이 어디 있느냐는 것이다. 나도 따라 웃는다. 100만원으로 만원을 이겼으면 됐지, 그것을 쉽게 이길 수 있다면 된 거지 그 이상 무슨 방법이 필요하겠는가. 그러나 때로는 100만원을 가지고 만원을 이기는 것도 쉽지 않다. 마음이 요동질치기 때문이다. 그래서 이제까지 이기는 사람이 되기 위한 많은 조건들을 우리가 검토한 것이다.

카지노 게임에서 이기는 인간형으로 만드는 이제까지의 방법 말고는 쉽고 편하게 이겨내는 다른 방법은 없다. 하지만 많은 사람들이 오랜 세월에 걸쳐 진리라 믿고 사용하고 있는 방법들이 있다. 이것은 주의력이 깊지 않으면 잘 알아차릴 수 없는데 실제로 큰 게임을 하는 사람들이 지푸라기라도 잡으려다 보니 세계적으로 실력이 괜찮다는 고수들을 찾기도 하고 또 사람들이 그간 개발해 놓은 방법을 배우기도 한다. 여기에서는 몇몇 문파의 비전을 소개하기로 한다.

1. 플레이어에만 베팅하는 문파

바카라는 여러분도 잘 알다시피 뱅커에 벳을 해서 이기면 5%의 커미션을 카지노 측에서 떼지만 플레이어에 벳을 해서 이겼을 때에는 떼는 것이 없다. 그래서 원칙적으로는 플레이어를 잘 활용하는 것이 훨씬 유리하다고 볼 수 있다. 약 70핸드 정도의 한 슈가 다 끝났을 때에 플레이어와 뱅커가 나올 확률은 35:35 혹은 36:35 정도로 볼 수 있다. 절반에 가까울 것이다.

이처럼 플레이어와 뱅커는 나오는 확률이 비슷한데도 불구하고 뱅커에 벳을 해서 이겼을 때는 5% 커미션을 뗀다. 물론 뱅커에 약간 유리하게 룰을 만들어뒀는데 이 뱅커가 플레이어보다 수학적으로 유리한 확률은 약 1, 2% 정도이다. 그러니까 원래는 커미션을 뗀다면 1% 언저리를 떼야 할 것이다. 그러나 전 세계 카지노는 5% 커미션 룰을 규정해놓고 있다. 여기에서 심각한 흔란과 오류가 발생한다. 사람들은 뱅커가 플레이어에 비해서 훨씬 유리한 줄로 생각한다. 어떤 사람들은 5% 아니라 10%의 커미션을 뗀다 하더라도 뱅커에만 가겠다고 할 정도로 심리적으로 뱅커에 경도되어 있는 것이다. 그렇지만 이런 바카라의 근본적인 함정을 피하기 위해 뱅커에는 벳을 하지 않고 플레이어에만 벳을 하는 문파도 있다. 대단히 우스워 보이지만 이것은 매우 훌륭한 전략 중의 하나라고 볼 수 있다.

평균적으로 수백, 수천 장의 그림을 수백, 수천 슈를 검사해 본 결과 뱅커와 플레이어가 나오는 확률이 비슷하다면, 즉 수학적으로 약 1, 2% 정도의 차이밖에 나지 않는다면 플레이어에만 벳을 하는 것도 굉장히 유리한 것이다. 최악의 경우라고 해봐야 한 슈에 한 핸드 정도를 잃는 것이다. 이것은 바카라의 근본적 함정을 이겨내고 수학적 진실을 현실에서 실현하는 사람들이다. 보통 사람의 경우 이 정도 단계까지 되기는 매우 쉽지 않다. 그런데 어떤 경우 믿기지 않을 만큼 플레이어가 뱅커보다 많이 나오는 슈도 있다. 이럴 때에 이들은 그야말로 대승을 거두는 것이다.

이들에게는 나름대로 뱅커가 플레이어보다 월등히 나을 때에 그것을 피하는 방법이 있다. 즉, 벳을 하지 않는 것인데 그러면 뱅커가 플레이어보다 더 많이 나오고 있다는 조짐은 어떻게 파악하는 것인가. 여기에는 앞에서 설명한 지난 다섯 개 그림의 흐름을 보거나 하는 등의 여러 가지 다양한 방법이 있다. 플레이어를 좋아하도록 자신을 바꾸어 나가는 것도 바카라의 원천적 함정에서 헤어나는 좋은 방법일 수 있다. 어쨌든 이것이 하나의 문파로 거의 한 세기 이상을 지속되어 오고 있다는 것은 그 방법이 꽤 일리가 있다는 뜻일 것이다. 참고하기 바란다.

2. 뱅커 세컨을 노리는 문파

사실 지금까지의 그림이 연달아 다섯 개가 나왔든, 열 개, 스무 개가 나왔든 벳을 하는 그 차례에 뱅커와 플레이어가 나올 확률은 정확하게 반반이다. 하지만 사람들은 그림을 믿지 못하기 때문에 어떤 그림이 나와도 자신의 벳에 대해서 자신감을 가지지 못한다. 이렇게 되면 벳을 해야 할 곳에서 벳을 못 하고 하지 말아야 할 곳에서 벳을 하게 만드는 결과를 초래하게 된다. 더군다나 마음이 흔들리고 심리적으로 안정감을 잃으면 뱅커와 플레이어 어느 쪽에 벳을 하느냐보다도 벳의 액수가 터무니없이 무모해지기 때문에 이것이 실패의 지름길이 된다. 따라서 실제 뭐가 나오느냐보다도 어떻게 해서 심리적 안정을 갖느냐가 더 중요할 수도 있다.

그림으로 보면, 그림은 오른쪽으로 나가는 그림, 즉 동진하는 그림과 밑으로 내려가는 그림, 즉 남진하는 그림의 둘로 대변해볼 수 있다. 동진하는 그림은 뱅커 플레이어, 뱅커 플레이어 이런 식으로 계속 번갈아서 나오는 것이다. 이런 패턴에 가까운 그림은 피하는 사람들이 있다. 다만 남진하는 그림에서 뱅커 뱅커 뱅커, 플레이어 플레이어 플레이어, 뱅커 뱅커 뱅커 뱅커, 플레이어 플레이어 뱅커 뱅커 플레이어 플레이어 이런 식으로 두 개 이상씩 거듭해 나오는 그림이 있는 것이다. 이때에 뱅커의 두 번째 그림은 사람들에게 높은 기대치를 준다. 즉, 줄을 지어 최소한 두 개 이상 연속해 나오는 그림에서 뱅커가 한 번 나오고 그 다음에 뱅커에 최대한 베팅을 하는 것이다. 이것을 소위 뱅커 세컨이라고 하는데 이 뱅커 세컨만 노리고 있다가 베팅을 하는 문파가 있다. 실제 뱅커 세컨에 벳을 해서 이기는 확률은 얼마나 되는지 연구해본 적은 없다. 하지만 하나 분명한 것은 남진하는 그림을 잘 택해 뱅커 두 번째에 벳을 한다면 심리적 안정감을 주는 것만은 틀림없다. 이런 게임을 할 때에 중요한 것은 벳이 틀리면 그 즉시 벳을 멈춘다는 것이다.

한 문파를 이룰 정도로 오랫동안 바카라를 연구한 이들이기에 이들은 틀렸다 해도 쉽게 흥분하거나 분노로 마음이 흔들려서 무모한 베팅으로 돌입하지 않는다. 이들은 기다리고 기다려서 뱅커 세컨에 벳을 하지만 한 번이라도 틀어지면 그 즉시 멈추고 다음 뱅커 세컨이 안정되게 형성될 때까지 기다리고 또 기다린다. 이렇듯 어떤 포인트를 가지고 있는 사람들은 이것이 실패했을 경우 언제든 원래의 자세로 평상심을 가지고 되돌아

카지노 시크릿

갈 수 있다는 자신감 위에서 게임에 임하는 것이다. 단순히 기술로서 그림을 쫓는 것이 아니라 바카라에서 가장 중요한 심리적 안정을 구하기 위해 뱅커 세컨에 벳을 한다는 것을 잊지 말아야 하겠다.

3. 베팅액을 여럿이 쪼개는 문파

바카라에서 제일 중요한 것은 누누이 얘기하지만 마음이 흔들리지 않는 것이다. 사람은 언제 마음이 흔들릴까. 당연히 큰 벳을 해서 그것이 실패했을 때 가장 흔들린다. 이렇게 되면 연달아 맥시멈 벳을 해대기 일쑤인데 결국 그날의 패배로 이어지는 것이다. 이렇게 자신을 제어할 수 없는 사람이라면 절대 바카라를 해서는 안 되겠지만 누구나 이런 상황에 노출될 수 있는 게 바카라라는 게임이다.

이런 상황을 막기 위해서 여러 사람들이 같이 벳을 하는 문파도 있다. 즉, 맥시멈 벳이 100만원이라고 할 경우 한 사람이 100만원을 베팅을 하지 않고 다섯 사람이 20만원씩 벳을 한다. 실제로는 맥시멈 벳을 하지만 본인이 벳을 하는 것은 그 5분의 1밖에 안 되는 20만원인 것이다. 따라서 잃더라도 맘이 흔들리는 것을 어느 정도 막을 수 있다. 이렇게 세 사람 이상 혹은 여덟 명, 아홉 명까지도 다 같이 테이블에 앉아 벳을 쪼개서 히는 사람들이 있다. 중요한 것은 어떻게 흔들리지 않고 마음의 안정을 지속할 수 있느냐이다. 이 문파는 그런 바탕 위에서 태어났다고 볼 수 있다. 사람이 혼자 있으면 아무래도 평상심을 잃고 자제하지 못할 경우가 많다. 그러나 가까운 사람 여럿이 혹은 자신이 고용한 사람 여럿이 머리를 맞대고 서로 의견을 나누어 가며 쪼개서 벳을 한다면 나름대로 위험 제거 효과가 있을 것이다. 이러한 방식의 베팅이 만들어진 저변을 이해할 필요가 있다.

4. 남과 반대로만 가는 파

바카라를 하면 이제껏 살펴보았듯이 지는 경우가 이기는 경우보다 많다. 여러 가지 이유가 있지만 어쨌든 카지노와 손님이 게임을 하면 대개 손님이 잃는다. 여기에 착안한 문파도 있다. 즉, 테이블에 앉아서 어떠한 손님을 고른다. 그 손님은 특별히 운이 나쁘고 그날 게임을 잘못하는 손님이기도 하고 그렇지 않아도 상관없다. 이들은 어찌 됐든 손님이 거의 잃는다는 사실에 기반을 두고 무조건 손님과는 반대로 벳을 하는 것이다. 장패가 쏟아지든 한없이 원 바 이 원으로 게임이 이어지듯 개의치 않고 손님이 벳을 할 때까지 기다렸다가 그 반대로만 벳을 하는 것이다. 결과는 어찌 될까? 그들이 이기는 경우가 훨씬 많다는 통계가 나와 있다. 이들은 카지노 안에서 카지노 측 입장에서 게임을 하는 것이다.

한편 이들에 의해 선택된 그 손님은 은근히 부아가 치밀게 되어 있다. 즉, 자신을 무조건 지는 사람으로 여기고 있다는 사실 앞에 기분 좋을 사람은 없다. 자연히 반발심이 생기고 그래서 게임은 자신도 모르게 안으로부터 흔들리게 되는데 이들은 그런 점까지도 계산에 넣고 있는 것이다. 만약 당신이 이런 자들을 만나면 대결의식을 버려야 한다. 그 자리를 뜨는 것이 제일이지만 여의치 않을 경우 오히려 이들과 행동을 같이하는 편이 좋다.

바카라라는 의지가지없는 망망대해에서 길을 찾아가는 게임이다. 누군가 생존을 위해서 발견해낸 방법이지만 보통 사람이 하기에는 쉬운 일이 아니다. 그야말로 철면피, 냉혈한들이 다른 누군가를 재물 삼아 이기려는 방식이기 때문이다. 이런 이들도 있다는 점은 참고해두자.

게임을 하다 보면 그날 유난히 무모하게 벳을 하고 그림을 전혀 맞히지 못하는 누군가가 생길 수 있는데, 그를 사가리라고 부른다. 워낙 그날 게임에 자신이 없다면 이런 사람을 골라 반대로 벳을 하는 것도 한 방법이긴 하다. 그러나 이것은 좋은 방법이 아니 다. 바카라를 포함한 갬블에는 하나의 원칙이 있는데 그것은 선량하고 바른 심성이 게임에 도움이 된다는 점이다. 누군가를 희생으로 삼고 게임을 하고자 한다면 결국은 자신이 패배자, 희생양이 될 수 있기 때문이다.

5. 장패만 기다리는 파

한 슈 내내 한 번도 벳을 하지 않고 기다리는 문파도 있다. 세 번, 네 번, 다섯 번 심지어는 하루 종일 벳을 하지 않고 기다리기도 하는데 이들은 그러다가 장패가 나왔다 하면 갑자기 미친 듯이 벳을 한다. 그들은 그 한 타임의 벳을 위해 몇 시간 아니 며칠이고 기다리기도 한다. 이들은 주로 중국인들로 라스베이거스나 몬테카를로보다는 마카오에 많다.

중국인들은 이 바카라가 불가능한 게임이라는 것을 잘 알고 있다. 물론 중국인 프로들의 경우이다. 하지만 이들은 제대로 된 장패를 한번 만나면 팔자를 고칠 수 있다는 꿈을 버리지 못한다. 사실 장패가 계속될 때는 희한할 정도로 이어진다. 상대편이 에잇이라 하더라도 여기서 나인이 나오는 경우가 비일비재하고 여기가 한 끗이라 하더라도 상대방은 희한하게도 세 번째 카드에 의해 망통을 잡기도 한다. 이렇듯 보통의 경우로서는 결코 일어나지 않는 일들이 자주 일어나는데 바카라의 신을 믿는 중국인들은 이럴 경우 바카라의 신 또는 악령이 나타났다고 보는 것이다. 그렇다면 이들의 승률은 어떻게 될까. 물론 엉망이다.

매우 수학적이고 확률적인 게임인 바카라. 이것을 감정으로

카지노 시크릿

받아들이고 게임을 하는 데에 이길 수 없을 것은 말할 필요도 없다. 그러면 이들이 그것을 모를까. 물론 잘 알고 있다. 하지만 이들은 기다리고 기다리면서 한 타임에 완전히 인생을 역전시킬 좀 더 큰 의미에서의 찬스를 기다리는 것이다. 필자는 십여 년 전에 마카오에서 플레이어가 달아서 서른여섯 개가 나오는 것을 본 적이 있는데 이때에 이들 장패 문파 중의 하나가 다섯 개째부터 벳을 하기 시작했다. 그러니까 그는 서른한 개를 맞히고 서른두 개째 틀렸기 때문에 도합 서른 개를 맞힌 것이다.

이때의 그는 한 벳에 8,000만원씩을 질렀는데 그 타임에 도합 24억을 이긴 것이다. 그러면 이 사람은 자기의 꿈을 이루고 행복하게 됐을까? 아니다. 얼마 후 그는 그전보다 더 비참해져서 카지노를 배회하고 있었다.

즉, 카지노 게임에는 어떤 이기는 공식도 룰도 없다. 다만 자기 자신을 그 어려운 정글 속에서 순간적인 기회들을 잘 활용해 이길 수 있는 사람으로 평상시 만들어가는 것 밖에는 아무런 해답이 없다. 그런데 이 장패파들에게 하나 배울 점은 있다. 그것은 바로 자신이 기대했던 그림과 틀려졌을 경우 헛된 기대를 반드시 접고 벳을 멈춘다는 것이다. 그러고는 또 기다린다. 그들의 꿈이 언제 이루어질지 알 순 없지만 좌우간 바카라 테이블엔 하염없이 기다리고 기다리는 사람들이 있다.

secret 4
에피소드에서 배우는 교훈

신천지를 발견한 사람

무려 10시간 가까이 태평양을 직선으로 날아온 KAL 101은 샌프란시스코 상공에서 선회하더니 해안선을 따라 밑으로 내려가기 시작했다. 뿌옇게 동트는 걸 바라보던 강도훈 사장은 의자를 똑바로 일으키고는 화장실에 가서 찬물에 세수를 하고 자리로 돌아왔다. 창밖을 바라보는 그의 눈은 어떤 알 수 없는 광채로 번득였다. 이제 마흔을 갓 넘긴 그의 눈은 젊을 때의 그 생기를 되찾고 있었다. 무언가 새로운 미지의 세계로 첫 발을 디디는 탐험심과 알 수 없는 것에 대한 흥미로 두 눈은 이글이글 불타고 있었다. 비행기는 30분 가까이 해안선을 따라 내려가다 서서히 고도를 낮추기 시작했다.

이십대 후반부터 10년이 넘게 비행기를 타온 강 사장은 이제 착륙이 얼마 남지 않았다고 생각했다. 그러자 더욱 힘이 솟아났다. 고도를 차츰 낮추기 시작한 비행기는 해안선을 오른쪽으로 하고 빙글 돌았다. 로스앤젤레스 도심이 한눈

카지노 시크릿

에 들어왔다. 보나벤자 호텔과 그 옆의 첨탑과도 같은 동그란 빌딩은 로스앤젤레스에서 몇 손가락에 꼽을 수 있는 고층 건물이었다.

이제껏 강 사장은 로스앤젤레스를 수도 없이 왕복하며 물건을 팔아왔다.

이십대 중반 종합상사의 수출 부문에 취직해 삼십대 중반이 되도록 장사에 대한 온갖 경험을 쌓고 새로 창업한 회사는 땀과 눈물로 기반이 다져졌고, 이제 강 사장의 회사는 웬만한 사람이 라면 고개를 끄덕여 줄 정도로 업계에서 이름이 나 있었다. 그러나 오늘의 여행은 이제까지의 비즈니스 여행과는 판이하게 달랐다. 강 사장은 전혀 새로운 분야에 도전하는 것이었다.

비행기가 로스앤젤레스 공항에 내리자 그는 익숙한 발걸음으로 터미널을 나와 리무진 정류장으로 옮겨갔다. 잠시 기다리자 터미널을 순환하는 리무진 버스가 왔다. 그는 역시 익숙한 솜씨로 리무진에 올라타고는 국내선 1번 터미널에서 내렸다. 사우스웨스트 에어라인. 마치 웬만한 도시의 시외버스처럼 로스앤젤레스와 라스베이거스를 왕복하는 항공사였다. 9·11 테러 이후로 미국의 항공사들이 한결같이 적자에 시달릴 때에도 이 사우스웨스트 에어라인만은 하루가 다르게 번창해 갔다. 도대체 라스베이거스로 가는 손님이 얼마나 늘어났는지 로스앤젤레스-라스베이거스 황금노선은 아무리 비행기를 증편해도 모자라는 판이었다.

라스베이거스의 인구는 하루가 다르게 팽창해 가고 있었고 새로운 카지노와 새로운 호텔들이 비 온 후 대나무 순처럼 쑥쑥 생겨나고 있었다.

강 사장은 라스베이거스행 비행기에 몸을 싣고 비행기가 이륙하자 창밖으로 모하비 사막을 내려다보았다.

'그래, 이제 새로운 나의 인생이 시작되는 거야.'

강 사장은 지난번 여행을 떠올렸다. 라스베이거스에서 열렸던 전자 박람회에 참석한 후 그는 카지노에서 아주 이상한 게임을 보았던 것이다. 컨벤션이 끝나면 카지노에서 늘상 슬롯머신이나 블랙잭을 하곤 했지만 지난번은 아주 특별한 경험을 했다.

바카라. 그것은 정말 이상한 게임이었다. 어떤 기술도 어떤 귀찮은 행위도 필요 없는 것이었다. 테이블 위의 뱅커와 플레이어로 나누어진 공간에 돈을 놓기만 하면 되는 것이었다. 뱅커에 놓든 플레이어에 놓든, 그것은 자유였다. 카드는 이미 셔플이 되어 있었고, 본인은 블랙잭처럼 카드를 선택할 필요도 없었다. 이미 셔플이 되어 있는 카드는 돈을 놓자마자 바로 오픈이 되었고 합해서 나인 쪽에 가까운 카드가 이기는 그런 너무나 단순한 게임이었다. 이것은 마치 베팅이 끝나면 딜러가 동전을 공중에 던져서 앞면이 나오느냐 뒷면이 나오느냐에 따라서 돈을 먹는 게임과 똑같았다. 도대체 이런 것도 게임이라고 할 수 있을 것인가. 게임이라고 하기에는 너무 단순했고, 게임이 아니라고 하기에는 벳이 너무나 컸다.

라스베이거스의 어느 카지노에 가도 블랙잭 테이블은 5불, 10불, 크게는 20불, 50불, 가끔 100불을 놓는 사람도 있었고, 그야말로 가뭄에 콩 나듯이 500불을 베팅하는 사람도 있었다. 그러나 바카라는 25불을 베팅하는 사람조차 잘 찾아볼 수 없었다. 물론 최저 베팅은 25불이었지만 최고 베팅이 15,000불이었기 때문에 베팅을 하는 사람들은 가지각색이었다. 그러나 대개 100불 이상은 베팅을 했고 많이 베팅하는 사람은 한 번에 3,000불, 5,000불 심지어는 15,000불을 베팅하는 사람도 있었다. 바카라, 이 단순한 게임의 이상할 정도로 무지막지한 규모는 강 사장을 깊숙이 끌어들이고야 말왔다.

강 사장은 지난번 여행에 5,000불을 카드에서 뽑아 바카라를 하게 되었다. 이제까지 블랙잭을 10여 년간 했지만 그것은 얼마든지 게임 액수를 조절할 수 있었고, 항상 몇백 불 잃거나 몇백 불 따면 그만이었다. 잃어도 별로 화가 나지 않고 따도 별로 도움이 되지 않는 그런 범위에서 10여 년간 게임을 해왔지만 이 바카라라는 것은 이상하게도 가슴을 두근거리게 했다. 테이블에서 베팅하는 사람들의 규모가 그래서 그랬는지 5,000불 갖고 달려들었던 바카라는 순식간에 30,000불을 이겨 35,000불을 들고 테이블에서 일어났었다. 그러다 게임이 너무 스릴 있고 박진감 넘치고 게다가 돈을 따기가 너무 쉬운 것 같다는 생각에 다음 날 호텔을 떠나기 직전 공항으로 가는 길에 강 사장은 이기면 좋고 져도 본전이라는 생각으로, 15,000불 베팅을 했다.

플레이어에 베팅했지만 뱅커가 나와서 졌고 그 다음에 한 번 더 15,000불을 플레이어에 베팅했는데 또 뱅커가 나와서 졌다. 그 전날 밤에 딴 30,000불을 다 잃긴 했지만 강 사장은 조금도 억울하지 않았다. 다만 한국으로 돌아가는 비행기 안에서 그는 바카라라는 게임을 생각하고 또 생각했다.

생각할수록 너무나 이상하고 너무나 쉬운 게임이었다. 모험심이 강한 강 사장은 한국으로 돌아가 일을 마치는 즉시 지금 다시 비행기를 타고 라스베이거스로 가는 것이다. 이제는 정말 게임을 하는 것이다. 바카라, 이름부터 박력이 넘치는 바카라에 승부를 보고자 하는 것이었다.

게임은 역시 쉬웠다. 10,000불을 가지고 시작한 게임은 시간이 갈수록 돈이 점점 더 붙었다. 그는 처음에 500불을 베팅했다. 지면 그 다음엔 800불을 베팅했다. 그리고 또 지면 2,000불을 베팅했다. 세 번 중에 한 번은 꼭꼭 맞았다. 어떤 때는 500 달러 벳 세 번이 다 맞기도 하고 어떤 때는 두 번 연거푸 틀리기도 했지만 세 번 다 틀리는 경우는 거의 없었다. 처음 500불을 가서 잃을 때만 잃는 것이지 그 다음에 800불을 가서 이기면 그전에 잃은 것을 찾아 가지고 옴은 물론 300불을 더 따오는 것이었다. 두 번째를 져도 마찬가지였다. 세 번째에 다시 2,000불 벳을 하면 두 번에 걸쳐 잃었던 1,300불을 되찾아 옴은 물론 700불을 더 이겨 있는 것이다. 강 사장은 시간이 가면서 돈이 점점 불어났다. 어떤 때는 네 번까지 연달아 틀릴 때도 있었다. 게임을 오래 함에 따라 그런 경우도 있었지만 역시 강 사장은 아무 문제 없었다. 처음에는 500불, 그 다음엔 800불, 그 다음엔 2,000불, 그 다음엔 5,000불 벳을 했다. 네 번째에 맞히면 역시 잃은 것을 다 건져옴과 동시에 1,700불을 따는 것이다. 게임은 너무 쉬웠고, 강 사장은 아침에 일어날 무렵에 거의 10만 불을 이겨 있었다.

극도로 피곤함을 느끼며 방으로 올라온 강 사장은 고개를 끄덕였다. 역시 자신의 생각이 맞았다. 이 바카라라는 게임은 마치 자신을 위해 존재하는 것 같았다. 그 테이블에 모여 있던 수많은 사람들이 겁먹고 소극적인 벳만을 했지만 강 사장은 그들을 눈여겨보지도 않았다.

그것은 그들의 한계일지도 모른다. 세상에는 확률이라는 것이 있어 연속해서 그렇게 많이 틀리진 않는다. 그렇다면 계속 베팅을 높여 나가면 질 리가 없는 게임이다. 그런데도 그들이 그렇게 하지 못하는 것은 아마 자신만치 똑똑하지 못해서이거나 용기가 없어서일 거라고 생각했다. 혹은 너무 적은 돈을 가지고 테이블에 앉아서였기 때문일 수도 있었다.

강 사장은 자신이 처음부터 사업을 하지 않고 이 바카라라는 것을 했으면 지금쯤은 아마 재벌이 되어 있을지도 모

카지노 시크릿

른다고 생각했다. 그의 눈앞에는 새로운 세상이 펼쳐지는 것만 같았다. 마치 자신을 위해서 만들어진 게임 같은 바카라. 이 바카라는 그야말로 경이로웠다. 하룻밤 새 10만 불을 따다니 한국 돈으로 1억이 아닌가. 옛날 회사가 작을 때는 말할 것도 없고 지금 이렇게 커진 상황에서도 1억을 번다는 것은 너무나 힘들고 시간이 오래 걸리는 일이었다. 1억을 벌기 위해서는 물건 10억어치를 팔아야 했고 물건 10억어치를 팔기 위해서는 온갖 사람을 만나 고개를 숙이고 비위를 맞춰야 하는 것 아닌 가. 강 사장은 고개를 절레절레 저었다. 이제 자신은 주업을 바카라로 옮겨야 할지 모른다는 예감이 운명처럼 다가왔다.

다음 날 강 사장은 저녁이 되어서 다시 바카라 테이블로 찾아갔다. 게임은 어제와 비슷했다. 다만 어제는 10,000불을 놓고 게임을 시작했지만 오늘은 110,000불을 가지고 게임을 시작하는 것이다. 강 사장은 베팅하는 손에 점점 더 힘이 실리는 것을 느꼈다. 10,000불을 가지고 100,000불 을 땄으면 100,000불로 시작하면 1,000,000불을 따는 것이다. 원리는 똑같았다. 강 사장은 베팅을 정확하게 10배씩 올렸다. 500불 하던 곳에 5,000불을, 800불 벳을 하던 것에 8,000불을. 그러나 베팅의 한계가 15,000불이었기 때문에 이번에는 13,000불을 잃었을 때 20,000불을 베팅하지는 못했다. 그러나 15,000불도 만만치 않은 큰돈이었다. 두 번을 지고 한 번을 이겨도 2,000불이 남았다. 물론 뱅커로 베팅을 했을 때에는 5% 커미션을 떼주긴 했지만 어느 쪽이든 상관이 없었다.

게임은 역시 순조로웠다. 달아서 세 번을 잘 지지 않기 때문에 시간이 가면서 돈은 점점 붙기만 할 뿐이었다. 그러나 15,000불 리미트라는 것은 무한히 벳이 커지는 것을 어느 정도 막았다. 강 사장은 20만 불이 되었을 때 자리에서 일어났다. 이상하게 베팅은 어제보다 10배 가까이 컸지만 어제처럼 열 배 정도 따지는 못했다. 어쨌거나 또 다른 10만 불을 딴 것이다.

강 사장은 방으로 돌아가 위스키를 마시며 승리를 자축했다. 세 번째 날도 역시 마찬가지였다. 강 사장은 시간이 갈수록 이겼고 어느 순간부터 15,000불씩 벳을 하기 시작했다. 돈이 들어오는 속도가 훨씬 빨랐다. 괜히 500불이니 2,000불이니 5,000불이니 베팅을 했다는 생각이 들었다. 15,000불씩 벳을 하면 한 판에 15,000불씩 들어오는 것이다. 물론 틀리는 경우도 꽤 있었지만 결국은 맞는 게 더 많아 강 사장

카지노 시크릿

은 점점 더 돈을 따고 있었다. 그러나 시간이 지나자 어느 순간부터 강 사 장은 돈이 점점 빠지는 것을 느꼈다. 일어날까 말까 망설이면서도 강 사장은 끝까지 테이블에 앉아서 베팅을 했다. 15,000불 벳은 만만치 않았다. 아침이 되었을 무렵 강 사장은 이제껏 땄던 돈을 모두 잃고 한국에서 가지고 왔던 10,000불까지 잃었다.

그는 신용카드로 돈을 뺐다. 카드 몇 개에서 20,000불이 빠졌다. 강사장은 15,000불을 한 번에 쳤다. 이제껏 땄다 잃었던 돈을 찾으려면 한 번에 쳐야 할 것 같았다. 15,000불이 지자 강 사장은 다시 5,000불을 쳤다. 그것도 졌다. 강 사장은 라스베이거스를 떠나면서 쓴웃음을 지었다. 좀 더 전략적으로 게임에 임했어야 할 걸 그랬군. 비록 30,000불을 잃고 돌아가 는 길이었지만 강 사장은 자신이 패장이라는 생각이 전혀 들 지 않았다. 오히려 그 30,000불은 이 바카라라는 게임이 자신 을 위해서 생긴 게임이라는 것을 확인하는 절차에 불과하다고 생각했다.

강 사장은 한국에 돌아오자 본격적인 계획을 세우기 시작했 다. 이제 힘들게 물건을 팔아야 하는 일은 생각하기도 싫었다. 전무와 상무에게 일을 맡기고 강 사장은 어떻게 미국에 돈을 많이 가지고 갈 수 있을까를 생각하기 시작했다.

일주일 후 강 사장은 똑같은 비행기를 타고 똑같이 태평양을 건너 똑같이 라스베이거스로 들어갔다. 50,000불을 가지고 온 강 사장은 50,000불을 다 테이블 위에 놓고 게임을 시작했다. 1,000불, 2,000불씩 조심스럽게 시작을 하다 강 사장은 몇 번 틀리자 15,000불을 베팅했다. 이제껏 몇 번 나갔던 게 다 돌아왔다. 잃었던 본전을 찾자 이번에는 조심스럽게 본전을 빼고 남은 돈만 베팅했다. 첫날처럼 하는 게 제일 낫다는 생각이 들었던 것이다. 이런 식으로 이겼다 졌다 하면서 이틀 밤이 지나가자 강 사장은 이제 확신을 갖게 되었다. 이 게임은 틀림없이 할 만한 것이다. 자신은 반드시 이길 수 있다. 자신이 서자 자연히 베팅도 커졌다. 테이블에 앉은 누구보다도 강 사장은 베팅을 씩씩하게 했고, 누구보다도 큰돈을 땄다.

물론 나갈 때도 크게 나갔지만 어쨌건 벳이 크니까 들어오는 돈도 컸다. 강 사장은 모두 20만 달러 정도를 땄지만 목표를 50만 달러로 두었기 때문에 15,000달러씩 계속 쳐나갔다. 몇 번만 연달아 맞으면 금방 10만 달러씩 오를 것 같았다. 그러나 이제까지 순조롭던 패턴은 갑자기 급변했고 거의

30만 달러 가까이 올라섰던 칩이 점점 줄어들기 시작했고, 결국은 가지고 온 50,000불까지 다 잃고 말았다.

그러나 강 사장은 슬퍼하지 않았다. 이제까지는 탐색전인 것이다. 어쨌거나 20만 불, 30만 불 이런 엄청난 돈을 이렇게 손쉽게 딸 수 있다니. 바카라야말로 정말 자신에게 꼭 맞는 게임이었다.

강 사장은 한국으로 돌아가자 다시 준비를 해서 미국으로 건너왔고 똑같은 과정이 몇 번 반복되었다. 처음에는 돈이 따졌고, 시간이 갈수록 잃게 돼서 결국은 가지고 온 돈을 다 잃는 것이다. 강 사장은 자신이 조금 절제만 하면 된다고 생각했다. 이제 바카라에 대해서 알 만한 것을 다 알았다고 생각했고, 다만 자신이 절제가 부족했다고 생각했다.

그러나 이제껏 나간 돈이 만만치가 않았다. 합해 50만 달러 정도를 잃은 것이다. 강 사장은 돈을 잃으면 다시 한국에 가서 돈을 가지고 오고, 잃으면 또 가지고 오곤 하는 것이 번거롭게 생각됐다. 비행기를 타고 며칠씩 다녀야 하는 것도 그렇거니와 한국에 가면 자꾸 몸을 뺄 수 없는 일이 생기는 게 싫었다.

강 사장은 한국에 있는 회사의 현금을 다 미국으로 옮기기로 결정했다. 그리고 그는 카지노에 장기 체류하면서 본격적인 게임을 시작했다. 게임은 이기고 지고를 반복했고 시간은 자꾸 흘러갔다. 거의 한 달이 다 되었을 무렵 강 사장은 옮겨 온 200만 달러를 다 잃었다. 게임은 여전히 가능성이 있었고, 강 사장은 반드시 이긴다는 신념을 갖고 있었다. 하지만 결과가 좋지 않은 것에 대해 강 사장은 생각하고 또 생각했다. 그리고 그는 스스로 몇 가지 원칙을 정했다. 그는 바카라가 자신과의 싸움인 것을 깨달았다. 자리에서 일어서는 게 어떨까 하는 순간 일어나기만 했어도 지금쯤 많은 돈을 이겨 있을 거라는 후회가 물밀듯 밀려왔다. 강 사장은 앞으로는 자신과의 약속을 절대 저버리지 않기로 결심했다.

그는 한국에 돌아와 회사를 완전히 정리했다. 모든 걸 정리 하고 나니 200만 불이 남았다. 그는 그 돈을 가지고 다시 비행기를 탔다. 그의 머릿속에는 여전히 자신은 바카라에 가장 뛰어난 전사이며 바카라는 자신을 위한 게임이라는 생각이 떠나지 않고 있었다. 조심스럽게만 하면 이기는 것은 쉬운 일이었다. 이제껏 한 번도 처음부터 지지는 않았으니 분명 자신은 있었다.

비행기는 여느 때처럼 태평양을 건너 로스앤젤레스에 도

착했고 그는 다시 비행기를 옮겨 타고 라스베거스로 들어섰다.

바카라가 자신을 부르고 있는 것이다.

한 달 후 그는 한국행 비행기에 올랐다. 창가의 자리에 앉자마자 그는 펜과 노트를 꺼내 주변에서 돈을 빌릴 수 있는 사람들의 이름을 적고 그 밑에 가능한 액수를 기입했다. 최대한 돈 을 빌리면 50만 달러는 될 것 같았다.

이제는 더욱 조심스럽게 게임을 해야겠다고 생각했다. 그는 수십 번이나 자신과의 약속을 어기고 풀 베팅을 한 걸 후회하고 일어나야 할 순간에 일어나지 못한 것을 후회하고 또 몇 가지를 심각하게 반성했다.

다음에는 반드시 자신과의 싸움에서 이겨낼 것이었다. 바카라는 자신을 위한 게임이기 때문에 자신과의 약속만 지키면 절대로 질 리가 없다고 생각하며 그는 지친 몸을 의자 깊숙이 묻었다.

김 사장의 경우

　딜러는 카드를 꺼내 테이블 위로 밀어 보냈다. 김 사장은 조심스럽게 한 장의 카드를 들추었다. 다이아몬드가 보였다. 그의 엄지손가락은 카드를 따라 밑으로 내려갔다. 약간의 빈 틈이 있고 다시 다이아몬드 하나가 중간에 보였다. 스리사이드. 이것은 스리사이드인 것이다. 즉, 한 면에 무늬가 세 개 있는 것이다. 그렇다면 숫자로 6, 7, 8에 해당된다. 김 사장은 나머지 한 장의 카드를 엄지손가락으로 훑으면서 조금씩 들어봤다. 아무것도 보이지 않았다. 노사이드, 그렇다면 이것은 1, 2, 3 중의 하나일 것이다. 1, 2, 3과 6, 7, 8의 합작인 것이다. 노사이드 가 3일 경우, 저쪽은 6이어야 한다. 그렇지 않고 7이나 8이면 망통이거나 한 끗이 되는 것이다. 물론 여기 노사이드가 1이나 2일 경우에는 저쪽이 8을 빼고 6, 7이면 아무거나 좋았다. 이것이 1일 경우는 저쪽이 뭐라도 좋다. 6, 7, 8이 다 좋은 것이다. 소위 이것이 '인시쌴빈' 바카라의 꽃이

　　　　　　　　　　　　　　카지노 시크릿

라고 하는 1과 스리사이드의 결합인 것이다.

김 사장은 조심스럽게 카드를 쪼고 또 쪼았다. 먼저 스리사이드 쪽을 쪼았다. 이번에는 카드를 세로로 돌려놓고 위에서부터 보았다. 두개의 다이아몬드가 보이고 바로 밑은 비어 있었다. 오케이. 이것은 6 아니면 7이다. 8일 경우에는 저쪽에 2나 3이 나오면 망통이나 한 끗이 되지만 7일 경우에는 저쪽의 1, 2가 다 유용하다. 이번에는 카드를 돌려 나머지 한 면을 보았다. 다이아몬드가 하나 박혀 있었다. 그러면 이것은 7이다. 김 사장은 이번에는 노사이드 카드를 세로로 놓고 보았다. 하트가 하나 박혀 있었다. 이제 가운데에 하트가 하나 더 있으면 3이다. 그렇지 않으면 가운데가 하나 비었으면 이것은 2이다. 3이면 망통, 지옥이고 2면 갑오, 바로 먹는 것이다. 상대가 갑오가 아닌 한. 김 사장은 천천히 카드를 쪼고 또 쪼았다. 가운데가 보일 듯 보일 듯 보이지 않았다. 카드를 구부리고 조금 더 올렸어도 역시 가운데는 아무것도 보이지 않았다. 2인 것이다. 김 사장은 자신 있게 카드를 탁 던졌다. 숫자를 확인할 필요도 없었다. 한쪽은 7인 것이 확인되었고, 이것은 가운데가 비었으니 2인 것이다. 2, 7 갑오. 딜러의 힘찬 목소리가 들렸다.

"플레이어 9. 뱅커 7. 플레이어 윈."

딜러는 김 사장이 베팅한 3,500불을 지불했다. 김 사장은 온몸에서 엔도르핀이 솟아나는 것을 느꼈다.

'그래, 이 맛이야. 바카라는 이 맛으로 하는 거야.'

이번에 김 사장은 7,000불을 베팅했다. 원래 베팅했던 3,500불에 이겨온 3,500불 합해 7,000불. 이것을 베팅하면 14,000불을 이기는 것이다. 그러면 원래 3,500불 본전을 빼고 10,500불을 이기는 것이다. 그림은 좋았다. 플레이어가 연이어 떨어지고 있었다. 7,000불. 딜러는 카드 통에서 카드를 한 장 뺐다. 그는 좌중을 둘러보면서 뱅커도 한 장 뺐다. 뱅커에 베팅한 사람은 아무도 없었다. 그는 다시 플레이어 카드를 한 장 빼고 또 뱅커 카드를 한 장 뺐다. 뱅커의 카드를 자기 앞에 놓은 딜러는 플레이어 카드를 밀었다. 김 사장은 손을 뻗어 카드를 잡으려다가 깜짝 놀랐다. 카드는 자기에게 오고 있는 것이 아니었다. 자기 옆에 있는 사람에게 가고 있었다. 옆 사람은 8,000불을 베팅하고 있었다. 자신보다 1,000불 많은 액수였다. 바카라에서는 가장 높은 액수를 베팅한 사람에게 카드를 볼 수 있는 권리를 주기 때문에 카드는 김 사장의 곁을 스쳐 옆 사람에게로 갔다. 옆 사람 역시 카드를 열심히 쪼았다. 6이었다.

"오픈 플리즈."

옆 사람은 딜러를 향해 내뱉었다. 자신의 카드를 내보이지 않은 채 먼저 오픈하라고도 얘기할 수 있는 것이다.

딜러는 자신의 카드를 홱 뒤집었다.

"7."

"오 마이 갓!"

옆 사람은 카드를 던졌다. 6은 7에게 바로 지는 것이다. 이 경우는 한 장을 더 받지 않게 되어 있는 것이 룰이다. 김 사장은 속으로 생각했다.

'저 자식이 카드를 보니까 지는 거 아냐.'

플레이어가 달아서 4번 내려왔다가 뱅커가 한 번 내려왔고, 이제까지 카드는 뱅커가 2개 이상 떨어진 적이 없었다. 사람들은 다 같이 이번에도 플레이어에 베팅을 했다. 김 사장은 5,000불을 베팅하려고 하다가 옆 사람을 봤다. 옆 사람은 똑같은 8,000불을 베팅을 하고 있었다. 김 사장은 카드를 옆 사람이 보는 것을 견딜 수 없었다. 카드를 보는 게 무엇보다도 흥미 있고 스릴도 있었지만, 무엇보다 이 사람이 카드를 보면 꼭 질 것만 같았다. 누가 보든 똑같은 카드이지만 심리적으로는 어쩐지 옆 사람이 카드를 보면 좋은 카드도 그 사람에게 가는 동안 변해버릴 것 같았다. 김 사장은 5,000불을 더 얹었다. 10,000불인 것이다. 김 사장은 카드를 천천히 뒤집었다. 노사이드와 투사이드였다. 즉, 1, 2, 3 중의 하나와 4, 5, 6 중의 하나인 것이다. 그렇다면 가장 나쁠 경우에 는 1과 4가 합해진 다섯. 가장 좋은 경우에는 3과 5가 합해진 여덟이다. 여덟이면 아홉 다음으로 좋은 카드이고 보통 여덟을 잡으면 지는 경우가 거의 없다고 봐야 한다. 김 사장은 카드를 세로로 세우고 천천히 뒤집었다. 맨 위에 스페이드가 보였다. 그 다음 가운데 카드가 또 보였다. 가운데 무늬가 또 보였다. 3인 것이다. 나머지 한 장을 카드를 세로로 놓고 또 뒤집어 내려갔다. 양쪽에 무늬가 있고, 한참 빈 공간이 있다. 가운데에 무늬가 하나, 까만 무늬 끝이 조금씩 보이기 시작했다. 김 사장은 아주 만족한 얼굴로 딜러에게 명령하듯 말했다.

"오픈 유어 카드."

상대는 3이었다. 김 사장은 카드를 뒤집으며 바닥에 내리쳤다.

"8."

"플레이어 에잇. 플레이어 원."

딜러의 목소리를 듣는 순간 김 사장은 날아갈 것만 같은 기분이었다.

'그래, 카드를 내가 보기 다행이지. 저놈이 봤으면 망통 나왔을 거야.'

이렇게 생각하며 김 사장은 칩을 거둬들였다.

김 사장은 언제나 카드를 보기를 좋아했다. 남이 카드를 보면 결코 안심이 되지 않는 것이다. 물론 재미도 덜 하거니와 불안해서 도저히 남이 카드를 보는 것은 견딜 수가 없었다. 그러다 보니 김 사장은 항상 테이블에서 가장 높은 액수의 벳을 하곤 했다. 김 사장은 꽤 재산이 있는 사람이었지만 남이 카드를 보는 걸 견딜 수 없어 항상 테이블에서 가장 큰 액수의 벳을 하다 보니 6개월 만에 모든 재산을 잃고 말았다.

보통 바카라를 하게 되면 6개월 안에 자신이 가지고 있거나 융통할 수 있는 현금을 모두 끌어오고 1년 안에 자신이 가지고 있는 부동산, 채권, 주식 등은 모조리 날리게 되어 있다. 그리고 2년 안에는 자신이 주변에서 빌릴 수 있는 돈을 다 빌리고 더 이상은 돈을 구할 수 없는 상태까지 간다.

그래서 보통 바카라를 하는 사람은 2년 안에 이제껏 살아온 모든 기반을 잃고 자신의 신용과 신뢰까지 다 잃게 되어 있는 것이다.

　김 사장은 보통 사람들보다 세 배 빨리 모든 것을 잃었다. 그는 그러나 바카라를 끊을 수가 없었다. 바카라는 더 이상 동원할 수 있는 돈이 없어질 때까지 스스로는 끊을 수 없는 것이 기 때문에 그는 오랜만에 돈이 생기자 다시 카지노를 찾아 들었다. 딜러는 카드를 통에서 꺼냈다. 주변을 둘러보던 딜러는 가장 베팅을 많이 한 손님에게 카드를 밀었다. 손톱에 기름때 가 잔뜩 낀 두툼한 손이 카드를 쥐었다.

　물론 김 사장의 손이었다.

이스트먼 교수의 경우

이스트먼 교수는 우연한 기회에 푼토방코라는 것을 하게 되었다. 처음 이 게임을 보자 그는 제2의 인생을 살 수 있겠다는 생각을 했다. 게임은 아주 간단했다. 동전 던지기와 마찬가지였다. 푼토가 나오느냐 방코가 나오느냐에 돈을 걸고 맞으면 건 만큼 받고 틀리면 건 돈을 잃는 게임이었다. 나중에 그는 유럽의 푼토방코를 다른 대륙에서는 바카라라고 부른다는 것을 알았다. 그는 그런대로 플레이를 잘할 수 있었다. 저명한 물리학 교수인 그는 그림이 나오는 패턴을 나름대로 몇 갈래로 분류했다.

한때 나비효과에 대한 영향력 있는 논문을 발표하고 대중적 저술도 한 그는 어떤 현상이 생기는 원인에 대해 통찰하는 능력이 있었다.

뱅커가 줄을 지어 나오든, 원 바이 원으로 나오든 뭉쳐 나오든 흩어져 나오든 그 현상의 변화를 이스트먼은 어떤 패턴으로 이해했고 이런 수학적 물리학적 통찰은 바카라에서 어느 정도 효과를 보는 듯했다.

그는 바카라에서 생길 수 있는 모든 경우의 수를 수학적으로 연구하고 때로는 고차원의 공식을 만들어보기도 했다. 어찌됐든 그는 달아서 나오는 장패를 빼고는 그런대로 바카라 전체를 수학적으로 분류할 수 있었다. 그는 미분과 적분을 바카라에 응용하다 뱅커가 과대평가되어 있다는 것을 알았다. 그의 계산에 의하면 뱅커는 플레이어에 비해 불과 1.2% 정도 유리할 뿐이었지만 카지노에서는 뱅커에 벳을 해서 이길 경우 5%의 커미션을 떼고 있었다.

그는 이런 룰 자체에 함정이 있다는 걸 금방 깨달았고 이런 룰의 함정은 베팅에 심리적 왜곡 현상을 일으킨다는 것도 검증해냈다.

사람들은 플레이어에 베팅하는 걸 꺼리고 뱅커에 베팅하는 걸 선호했다. 그는 이런 왜곡된 흐름을 연구한 결과 가장 안전한 벳은 테이블에 있는 모든 사람이 다 플레이어에 베팅할 때 확률이 가장 높다는 것을 알게 되었다.

그는 연구에 의해 한참을 기다리다 모든 사람이 다 플레이어에 벳을 할 때만 따라서 조금 벳을 하곤 했다. 그의 이런 방법은 신통하게 잘 들어맞았다.

그런데 그에게는 하나의 강력한 신념이 있었다. 그것은 뱅크든 플레이어든 연속해서 계속 나오는 건 분명한 한계가 있다는 확률의 법칙이었다. 너무나 복잡하게 그려져 있는 그의 스코어 페이퍼는 아무도 이해할 수 없었지만 그의 스코어 카드야말로 그의 피 어린 노력의 결정판이었다.

일찍이 학문의 세계에 발을 디딘 그는 한 가지 신념이 있었다. 학자란 자신이 옳다고 믿는 것에 대해서는 목숨과도 맞바꿀 수 있는 고집과 용기가 있어야 한다는 것이었다. 그의 이런 신념은 바카라의 장패와 정면으로 충돌했다. 그는 바카라의 그 불가해한 측면을 다 이해할 수 있었지만 이 장패라는 현상에 대해서만은 결코 받아들이려 하지 않았다. 뱅크와 플레이어가 정확히 50%의 확률로 나오는데 뱅커만 연이어서 여덟 번, 아홉 번, 열 번 나온다는 것이 그에게는 고통이었다.

처음에 그는 장패에 대해서 거꾸로 베팅을 했다. 플레이어가 연달아 나오면 뱅커에다가 계속 베팅을 하고 뱅커가 연이어 나오면 플레이어에다가 연속 베팅을 했다. 그러면 무턱대고 뱅커나 플레이어를 나오는 대로 쫓아가는 사람들보다 맞히는 확률이 컸다.

바카라도 어차피 확률에 의거해서 모든 것이 진행되기 때문에 이스트먼 교수의 이런 방법은 아무래도 다섯 개, 여섯 개, 일곱 개, 여덟 개까지 마구 쫓아가기만 하는 사람들보다는 확률적으로 성공률이 높을 수밖에 없었다. 그러나 이 장패에 대해서 거꾸로 베팅하는 그의 신념은 이내 습관이 되었고, 아주 드물게 자신이 계속 반대로 베팅을 해도 한 번도 맞히지 못하는 경우가 있기도 했다.

그는 장패에 대해서 벳을 할 때에는 자신이 개발한 공식에 따라 항상 두 배씩 벳을 하곤 했다. 하긴 사람들은 세 번, 네 번 지면은 한 번에 찾아오기 위해서 이제까지 잃었던 것을 모두 합쳐서 더블, 혹은 4배, 5배까지 벳을 했고, 사실 바카라는 그렇게 하지 않으면 잃어버렸던 것을 찾아오기가 매우 어려웠다.

도박 중 본전을 잃으면 가장 회복하기 어려운 게임은 경마 이다. 왜냐하면 경마는 고액의 마권을 살 수 없기 때문이다. 세계적으로 경마는 마권을 잘게 찢어서 팔기 때문에 거액을 한 번 잃으면 아무리 많이 맞혀봐야 소액밖에 맞히지 못하고 사람을 풀어서 소액의 마권을 아무리 많이 산다 하

카지노 시크릿

더라도 마권을 파는 시간이 짧은데다 남들에 앞서서 마권을 확보하는 데도 한계가 있기 때문에 결코 본전을 찾지 못한다. 그러므로 세계의 프로 도박사들은 경마에 죽어라고 베팅하는 사람을 가장 어리석은 사람으로 보고 그들에게는 도박사라는 명칭조차 잘 주지 않는다.

어찌됐든 바카라는 기본적으로 손님이 카지노에 대해서 지게 되어 있지만 졌을 경우에 이제껏 잃었던 것을 한 번 베팅으로 회복할 수 있게끔 하한선과 상한선 사이의 간격이 크기 때문에 그것이 유일한 방법이라면 방법이다. 그런데 이렇게 한 번 질 때마다 두 배씩 벳을 엎어 나가면 그 배수가 워낙 커져서 일곱 번이나 여덟 번 거푸 지게 되면 돈을 얼마를 가지고 있든 삽시간에 다 잃고 만다.

이스트먼은 패배가 계속되면서 자신의 신념이 크게 위협받는 것을 느꼈다. 하지만 학자란 자신이 옳다고 믿는 것에 목숨을 걸 수 있어야 한다고 생각했기 때문에 떨리는 손길로 마지막 남은 돈까지 장패에 거꾸로 처대곤 했다. 어찌되었든 오랜 세월 바카라를 해온 그는 수많은 다른 사람과 마찬가지로 결국은 패자가 되어 있었다.

그는 더 이상 바카라를 할 수 있는 돈이 없게 되자 바카라와 도박 자체에 대한 깊은 명상에 들어갔다. 도박이란 무엇일까? 왜 사회는 도박을 하지 못하게 하는 것일까. 왜 도박을 하면 형사법으로 처벌을 하는 것일까. 그게 무슨 윤리가 있고, 도덕이 있을 것인가. 흔히들 도박을 하면 일을 하지 않고 도박에 빠져서 헤어 나올 수 없기 때문에 도박을 금지하고 처벌까지 한다고 했다. 그러나 도박을 해서 이긴다면 어떨 것인가. 자신이 가장 잘할 수 있는 게 도박이라면 왜 구태여 그것을 하지 않고 어렵고 힘든 노력과 정열에 비해서 쥐꼬리만큼밖에 결과가 나오지 않는 다른 일을 해야 한단 말인가. 그는 윤리 도덕적 측면 에서는 도박에 대한 각종 금기를 완전히 뛰어넘었다. 그는 해서 이길 수만 있다면 도박을 하는 것이 옳다고 생각했고, 숫자로 이루어지는 게임이기 때문에 그것이 자신의 전공이라고 생각을 했다. 다른 것은 그런대로 견뎌볼 수 있었다.

이스트먼 교수는 5차방정식까지 동원해 가면서 도박에서 위험에 빠지지 않는 방법도 연구를 했다.

정년퇴직하면서 받을 연금을 모두 일시불로 수령한 이스트먼 교수는 다시 카지노에 나타났다. 아예 여생을 라스베이거스에 살러 온 그는 과거와 달리 홀가분하게 게임을 했고 늘 숙제였던 장패에 대해서도 이제까지의 태도를 바꾸었다. 그는 장패라고 생각되면 아예 벳을 하지 않기로 결정을 했다. 그렇게 만 하면 자신은 바카라에 승자가 될 수 있을 걸로 생각을 했 다. 하지만 장패가 나올 때마다 이스트먼은 무언가 자신이 옹색하고 비굴한 존재가 되어 진리를 외면하고 진리로부터 도피해 그저 돈을 이기고자 하는 초라한 존재로 전락해 있다는 생각을 떨칠 수가 없었다. 그는 장패만 나오면 현실과 학문적 신념 사이에서 괴로워하다 어느 날 아홉 개째 나오는 장패를 견디지 못하고 반대편에 거액을 던졌다. 불행하게도 그날 나온 장패는 그 후로도 아홉 번을 더 나와 그는 카지노에 예치해 둔 13만 달러를 장패 하나에 모두 잃었다.

다음 날 그는 자살했는데 필자는 그의 자살 소식을 듣고 연민보다는 오히려 경외심이 담긴 마음의 추모를 했다.

배운 사람에게는 그 배운 것이 독이 되는 수가 있다. 사실 지식이나 교육이라는 것은 가장 현실적인 문제를 해결하지 못 한다. 즉, 어떻게 돈을 벌 것인가 하는 문제를 해결하지 못하고 항상 그 주변만 맴돈다. 돈 버는 법을 가르치는 많은 교수들이 현실적으로는 돈을 벌지 못하고 그 주변을 서성거리면서 돈 버는 법에 대해서 입에 침을 튀기며 가르치는 것이다.

도박. 그것은 정말 인간의 한계 너머에 있다. 그럼에도 불구하고 그것이 세상에 존재한다는 이유 하나만으로 그것에 도전하는 사람은 있게 마련이다.

도박에는 철학이 필요하다. 그렇지 않으면 도박과 도박에 참여하는 인간의 가치는 형편없이 값싸게 전락하고 만다. 도박을 할 수 있는 사람은 아무리 잃더라도 자신을 포기하지 않고, 인간을 포기하지 않고 그 불가능에 도전한다는 자체만으로 만족을 얻을 수 있는 깊은 내면의 힘이 있어야만 한다. 이스트먼 교수는 장패와 맞서 자신의 신념과 철학을 지켰다. 물론 그는 마지막 남은 연금을 일시불로 타서 다 잃고 생명을 잃었다.

그러나 그는 장패라는 확률에 어긋나는 현상 앞에 이성적 논리적 사고를 포기하는 모든 다른 사람들과 달리 장패가 나오면 거꾸로 쳐 대면서 자신의 신념을 지키고 싶었다. 인간이란 현실적인 이익을 얻을 때보다 모든 것이 망가지더라도 자신의 존재 이유를 찾는 데서 더 만족감을 느끼기도 한다.

이스트먼 교수가 잊히지 않는 건 그 때문이다.

어느 롤링업자의 찬스 벳

마카오에서 롤링업을 하고 있는 최만기는 숱한 돈을 벌었다. 롤링이란 카지노에서 손님을 유치하기 위해 롤링업자로 등록한 사람에게는 예치금을 받고 그 예치금에 해당하는 롤링 칩을 내주는 것을 말한다. 이 롤링업자는 자신이 카지노로 초청한 손님에게 돈을 받고 그 돈과 꼭 같은 액수의 롤링 칩을 내 준다. 손님은 이 롤링 칩으로 게임을 하고 잃는 것은 할 수 없지만 이기는 것에 대해서는 계속 롤링업자에게 칩으로 바꾼다. 손님이 한 슈를 해서 잃는다 하더라도 그동안 베팅을 해서 이기는 것도 꽤 있기 때문에 롤링 칩은 계속 현금으로 바꾸어지고 손님은 잃어도 롤링업자는 손님이 이겼던 만큼의 롤링 칩을 확보하게 된다. 그리고 이것은 카지노 측에서 1.7%의 보너스를 받게 되는 것이다. 이 범위 내에서 롤링업자는 손님에게 방과 음식과 기타 많은 편의를 제공한다. 라스베이거스 같은 곳에서는 이런 게 금지되어 있어서 롤링업자는 아예 카지노에 출입조차 할 수 없지만 마카오에는 이 롤링업이 아주 성행하고 있다. 한국의 강원랜드는 이런 것을 전혀 하지 못하게 하고 있기 때문에 많은 손님들이 롤링업자의 초청에 의해 마카오로 빠져나가고 있다.

　세계적으로 카지노는 급격히 늘어나고 있고, 이것은 자연스러운 현상이다. 과학기술의 발전 속도가 워낙 빠르고 사람은 그 어느 때보다도 노동시간 대비 많은 여가시간을 가질 수 있게 되었다. 자본과 통신의 결합은 엄청나게 많은 자본의 증가를 불러왔고, 사람들은 많은 시간을 많은 돈을 가지고 보낼 수 있게 되었다. 따라서 카지노 사업이 세계적으로 불붙은 듯이 일어나게 되었고 그 엄격한 사회 벌을 시행하고 있던 싱가포르에조차 대형 카지노가 들어서게 된 것이다. 물론 한국도 이 세계적인 조류로부터 떨어져 있지는 못하다. 제주도나 경주와 같은 관광특구에만 허용되던 카지노가 석탄 사업이 사양길에 접어든 강원도 정선의 강원랜드를 비롯해 지금은 평택이라든지 또는 경상북도 상주나 문경 같은 곳에도 내국인을 상대로 한 카지노 오픈이 본격 로비 중이다.

　어찌됐든 마카오에서 오랫동안 롤링업을 해온 최만기는

많은 돈을 벌었고 오랫동안 카지노에 있다 보니 나름대로 갬블이란 무엇인가에 대한 감각을 익혔다. 그는 어떤 강한 지론이 있었는데 매 핸드마다 벳을 하는 것은 참으로 어리석은 행위라는 것이다. 사실 맞는 말이다. 어떤 그림은 누가 오더라도 이기지 못하는 그림이 있다. 변화가 무쌍하고 도저히 그림이 어떤 패턴에 따라서 나오는지 짐작조차 하지 못하는 그림들이 있다. 반면 어린 아이를 갖다 놔도 알아보기 쉬운 그림이 쭉쭉 쏟아지는 경우도 있는 것이다. 이럴 때에 벳을 하면 당연히 유리하고 실제 이런 그림이 나오면 남녀노소 할 것 없이 누구나 딴다. 그래서 최만기는 기다리고 기다렸다가 찬스라고 생각될 때에만 베팅을 해야 한다는 지론을 가지게 되었고 이것은 틀림없이 효과를 보았다. 최만기는 돈을 점점 많이 벌게 됨에 따라 벳이 커졌고 어떤 때는 과거 50만원, 100만원도 벌벌 떨면서 하던 벳이 이제는 8천만원이나 1억3천만원짜리 벳도 주저없이 하곤 했다.

마카오는 일반인에게도 최고 1억3천까지의 벳이 허용이 된다. 강원랜드는 일반인을 상대로 한 테이블은 최고 30만원, VIP를 상대로 하는 테이블에서는 1000만원까지 허용된다. 라스베이거스에서는 일반인을 상대로 만오천 불(한국 돈

1500만원 정도)이 허용되고 돈을 많이 가지고 오는 사람에게는 가진 돈의 5%가 허용된다. 즉, 한꺼번에 돈을 예치를 하면 그 돈의 5%에 해당하는 금액이 허용이 되는데 100만 불을 가지고 온 사람에게는 5만 불의 벳이 허용되는 것이다.

라스베이거스는 세계의 도박 도시답게 가끔 엉뚱한 사람들이 오는데 도박하러 오면서 자금을 800억까지 가지고 온 사람을 본 적도 있다. 800억을 가지고 와서 예치를 하면 이 사람은 한 벳에 40억을 칠 수 있게 된다. 이런 사람의 경우는 자신의 도박을 비밀에 부쳐야 하고 보통 카지노가 제공하는 카지노 소유의 국제선 비행기를 탄다.

대략 아시아 지역에서는 비행기가 일본에서 뜨는데 그것은 자신의 나라에서 바로 라스베이거스로 가는 비행기는 사정 당국의 주시를 받기 때문이다. 사업상 출장을 가는 것처럼 일단 일본으로 가면 일본 공항에 대기하고 있는 737보잉기에서부터 바로 판이 벌어진다. 이들은 다른 사람들의 눈에 띄지 않고 카지노 속 깊숙이 자리 잡고 있는 비밀의 게임 룸으로 직행하게 되는데 이들이 가지고 노는 돈의 액수는 물론 상상을 초월할 정도이다. 라스베이거스의 어떤 카지노는 방 200개가 들어갈 수 있는 맨 꼭대기 층 전체를 한 부호를 위해서 일 년 내내 비워 놓기도 한다. 이 사람이 오면 일 년 동안 비워 놓았던 그 층이 비로소 기지개를 켜고 게임을 시작하는 것이다. 물론 거기에는 그의 침실과 그만의 전용 수영장과 당구장, 영화관, 식당 등이 갖추어져 있고 그만을 위한 게임 테이블이 있다. 대략 부호들은 뱅커로 벳을 했을 때에 내는 5% 커미션도 내지 않는다.

아무튼 롤링업자 최만기는 출신이 주먹 출신이라 그런지 나름대로 사나이다운 데가 있었다. 쪼잔하게 수십 번 베팅을 하는 것보다 기다리고 기다려서 찬스라고 시작되는 곳에서 맥시멈 벳을 하곤 했다. 정말 바카라에는 플레이어가 하나씩만 나오고 뱅커는 계속 달아서 나온다든지 뱅커 한 번, 플레이 한 번, 뱅커 한 번, 플레이어 한 번 이런 식으로 원바이 원으로 계속 간다든지 뱅커 다섯 개 플레이어 여섯 개, 뱅커 네 개 플레 이어 여섯 개, 뱅커 다섯 개 플레이어 네 개, 이런 식으로 계속 밑으로 붙어 나오는 경우도 있는 등 누가 봐도 한눈에 알아볼 수 있는 패턴이 있다. 최만기는 그 패턴을 읽는 것이다. 그래서 아주 안전한 패턴의 한 중심을 기다리고 기다렸다 풀 벳을 하는 것이다. 그가 비록 돈을 많이 벌기는 하지만 벳 한 번에 일억 삼천만원을 간다는 것은 보통 큰 결심이 요구되는 게 아니다. 손을 떨지 않을 수 없고 카드를 오픈하는 손길이 자연스럽게 아래위로 좌우로 흔들리지 않을 수 없는 것이다. 오랜 세월을 롤링업을 해왔고 게임을 극도로 자제하면서 정말 수백 핸드에 한 번 혹은 수천 핸드에 한 번 보는 찬스라고 생각하는 데에서 풀 벳을 하는 최만기. 결과는 어땠을까. 그는 그 찬스 벳으로 번 돈을 모두 잃었다. 그렇게 오랫동안 기다리고 기다려서 모든 사람이 찬스라고 생각하는 곳에서 자기도 찬스라고 믿고 풀 벳을 했는데 가장 확률이 높고 가장 안전한 곳에서 벳을 했는데 어째서 그는 가진 것을 다 잃게 되었을까.

새삼 바카라를 처음 접했던 유럽의 세 프로가 생각이 난다. 그들은 정말 목숨을 걸다시피하며 바카라를 연구했고, 또 세상에는 그들 못지않게 바카라를 연구하는 수없이 많은 이들이 있다. 무엇 하나 법칙만 찾아내면 바로 인생의 꿈을 이룰 수 있는 마치 보물을 가득 실은 난파선이나 황금이 무한정 묻혀 있는 동굴을 찾아내는 심정으로 법칙을 찾아내고 있다. 그들은 찬스가 과연 무엇인가를 무척 오랜 세월 연구를 했지만, 아직까지 아무도 답을 내놓지 못하고 있다. 물론 최만기는 이들처럼 연구실에서 수학적으로 학구적으로 따진 것은 아니지만 카지노에서 근 20년 매일 롤링업을 하면서 찬스라는 것을 나름대로 익혔고, 거기에만 벳을 했다. 그런데 결과는 참담한 실패였다. 바카라에서 찬스가 의미하는 것은 무엇일까?

어떤 사람은 찬스를 거꾸로 해석한다. 누가 봐도 좋은 그림, 누가 봐도 확실하게 다음에 나올 결과를 예측할 수 있는, 아주 뚜렷한 패턴이 있는 그림, 그래서 가장 보기 좋게 된 그림이 오히려 가장 위험한 그림이라는 지론을 펴는 이도 있다. 프로 중에서도 안전을 제일로 생각하는 프로는 대체로 이 사람의 이론에 고개를 끄덕인다. 진정한 프로에게는 바카라에 있어서의 찬스란 없다. 최만기를 생각할 때면 늘 그의 원칙에 대한 반원칙이 생각나는 것이다.

젊은 오퍼상

　오퍼상 미스터 최는 특별히 종목을 선정해두지 않고 닥치는 대로 물건을 들여와 팔아오다 우연히 비행기 안에서 만난 한 스위스 사람과 인연이 되어 고급 시계를 수입해서 팔게 되었다. 마침 한국의 경제가 한창 불이 붙기 시작하던 때이고 사람들은 너나할 것 없이 가지고 있는 자동차나 차고 있는 시계 등으로 신분을 과시하고자 했기 때문에 턱없이 비싼 스위스 시계는 날개 돋친 듯이 팔려 나갔다. 미스터 최는 도저히 정신을 차릴 수가 없었다. 원 수입가의 다섯 배 이상을 붙여서 파는 데도 물건이 없어서 못 팔 정도였다. 사람들은 앞을 다투어 미리 선금을 주며 시계를 주문하곤 했다. 이런 갑작스런 대박은 미스터 최로 하여금 카지노로 달려가게 했다.

　사실 미스터 최는 외국에 다니면서 카지노에 몇 번 가보긴 했기만 심심풀이로 블랙잭이나 조금 하고 주로 카지노 뷔

폐의 맛난 음식을 먹으며 가볍게 카지노를 즐기는 스타일이었다. 그러나 많은 돈이 생기자 그는 유럽 각지의 카지노를 찾아다니기 시작했고 거기에서 바카라의 맛을 알게 되었다. 그것은 정말 마법 같은 것이었다. 미스터 최에게 바카라는 무한한 가능성을 열어주었다. 두 번, 세 번, 네 번 틀리더라도 한 번에 엎어서 벳을 하면 얼마든지 찾아올 수가 있는 게임. 사람이 가위바위보를 다섯 번, 여섯 번, 일곱 번 이상 연속 질 수는 없는 법이었다. 거기에 베팅을 적절히 조화하는 미스터 최는 언제나 상당한 성적을 올리곤 했다.

한국에 강원랜드 카지노가 생기자 미스터 최는 당연히 강원 랜드로 달려갔다. 거기에서 그는 겁 없이 베팅을 해댔다. 가능성은 무한했지만 언제부터인가 결과는 별로 좋지 않았다. 그러자 미스터 최는 그제까지의 온순하고 타협적인 성격을 버리고 이를 악물고 카지노에 대들기 시작했다. 바카라는 정말 요물 같은 것이었다. 처음 시작할 때는 늘상 따곤 하던 게 이상하게 발이 빠지면 빠질수록 단 한 번도 따지 못하고 계속 엄청난 돈을 쏟아붓게 되는 것이었다. 그러나 미스터 최는 바카라는 여전히 황금알을 낳는 거위 같은 것이었고 자신이 실수만 하지 않으면 언제든 이길 수 있다고 믿었다.

그는 그때까지 벌어두었던 현금을 다 탕진하고 시계를 싼 값에 갖다 팔아 만든 돈을 가지고 카지노로 달려왔고 그것도 부족해 사람들에게 시계를 주겠다고 말로 약속을 해두곤 곳곳에서 선금을 받아 카지노로 달려왔다.

그는 시간이 지날수록 도대체 이길 수 없는 게임이 아닌가 하는 불안감이 차츰 생기기 시작했다. 그는 이제껏 자신이 멋도 모르고 모든 것을 쏟아부은 걸 후회하기 시작했고 어떻게 원상태로 되돌릴 수 있을까를 생각하다 카지노에 돈 많은 사람들이 많이 온다는 사실을 깨닫고 사람들을 상대로 시계를 팔려고 했다. 그러나 이미 스위스 본사에서는 먼저 부친 물건들에 대한 송금을 요구했고 미스터 최는 송금을 보낼 돈이 전혀 없었다. 선금을 준 사람들은 끊임없이 미스터 최에게 전화를 걸어댔고 미스터 최는 이런저런 변명으로 시일을 끌다 나중에는 아예 전화를 받지 않았다. 미스터 최는 언제부터인가 자신이 서울에 돌아갈 수 없다는 것을 깨달았다. 자신을 찾는 사람들이 한둘이 아니고 어떤 사람들은 경찰에 사기죄로 고소하겠다고 나선 사람까지 있었다.

미스터 최는 강원랜드에 머물렀다. 그간 잃은 돈이 있었기 때문에 강원랜드에서 먹고 자는 것은 아무 문제가 없었다. 미스터 최는 맨 처음 출발할 때처럼 자신을 굽히고 사람들을 사귀기 시작했다. 카지노란 원래 외로운 곳이기 때문에 자존심을 버리고 사람들에게 낮고 낮은 자세로 접근하면 자연히 친해지기 마련이었다. 미스터 최는 사람들에게 10만원도 받고 50만원도 받고 100만원도 받았다. 많이 딴 사람 주변에서 허드렛일을 도와주고 적절히 아부를 하다 보면 사람들은 잔돈을 건네주었다. 말이 잔돈이지 어떤 사람은 100만원짜리 칩 하나 어떤 사람은 10만원짜리 칩 서너 개를 조금도 아까워하지 않고 던져주었다.

미스터 최는 카지노에서 될 수 있는 대로 여러 사람들에게 접근했고 그 결과 많은 사람들을 알게 되었다. 미스터 최는 카지노에서 24시간 지내면서 자신이 너무나 무모하게 바카라에 달려들었다는 것을 깨달았다. 원래 머리가 있는 미스터 최는 나름대로 카지노에서 독자적인 생존법을 익히기 시작했다. 그는 사람들에게서 받은 돈을 모아서 몰래 게임을 하기 시작했다. 물론 드러내 놓고 해도 아무 문제가 없었겠지만 미스터 최는 자신들에게 과거 돈을 던져준 사람들이 이제는 자신과 다름없는 무일푼 신세가 되어 카지노에서 헤매고 있다는 것을 잘 알고 있었기에 될 수 있는 대로 자신의 게임하는 모습을 숨기고자 했다. 그러나 워낙 아는 사람이 많았던 관계로 미스터 최가 게임을 할 때에는 항상 주변에 아는 얼굴 한둘씩은 나타나곤 했다.

　어느 날 미스터 최는 그야말로 끗발이 붙었다. 자신이 생각해도 희한할 정도로 가는 대로 맞아 왔고 그래서 미스터 최는 맞아 오는 대로 씌우고 씌우고 또 씌웠다. 두 배, 네 배, 여덟 배, 열여섯 배씩 맞아 들어오는데 미스터 최는 잘하면 얼마만큼 다시 사업을 시작할 수 있는 자본을 마련할 수도 있겠다는 희망에 들떴다. 그러나 끊임없이 미스터 최를 불안하고 안절부절 못하게 하는 일이 있었다. 미스터 최가 '때려댄다'는 소식이 짧은 동안에 카지노 전체에 퍼진 모양이었다. 사람들이 많이 모여들었다. 그들은 마치 미스터 최가 그랬던 것처럼 미스터 최 옆에 앉아 게임을 도와주고 충고를 해주고 허드렛일을 해주며 자꾸 접촉했다. 미스터 최는 이것이 싫었다. 가만히 보니 아는 사람들에 대해서 입을 씻을 수는 없고 그렇다고 돈을 얼마씩 떼 주기는 정말 싫었다. 그동안 자신이 워낙 오랜 세월에 걸쳐 이들로부터 돈을 받아왔기 때문에 그 생각에서 지금 자신의 테이블 앞에 쌓아 놓고 있는 칩과 비례해서 어느 정도 떼 준다면 그것도 상당한 액수가 될 것 같았다. 미스 터 최는 좋은 그림이 연달아 나오고 있었지만 이런 생각으로 자꾸 게임을 하기가 싫었다. 사람들은 자꾸 미스터 최에게 맥시멈 풀 벳을 하라고 재촉했다. 마치 자신이 과거에 그랬던 것처럼 사람들은 이제 미스터 최에게 될 수 있는 대로 베팅을 높이라고 얘기하는 것이다. 물론 그들은 그림이 좋고 찬스라는 말을 앵무새처럼 반복하고 있었지만 본심은 아무래도 그런 충고로 풀 벳을 하고 돈을 이겨오면 팁이 두둑해진다는 것을 알고 있었기 때문이었다.

미스터 최는 이런 사람들을 보며 자신이 가진 돈이 그대로 다 노출되는 것에 대해 자꾸 불안해지기 시작했다. 이들 중에 완력이 세고 성격이 거친 자가 "어, 너한테도 이런 날이 있구나. 잘 됐다. 너 신세 갚아"라고 한마디만 하면 자신은 뭐라고 대꾸할 말이 없었다. 미스터 최는 머릿속으로 어떻게 하면 이들에게 돈을 주지 않고 테이블에 있는 칩을 온전히 건사할까를 생각했다. 이런 생각을 하느라 주춤주춤 베팅을 못 하는 사이에 좋은 그림은 자꾸 쏟아지고 있었고, 주변 사람들은 많이 이기고 있었다. 그러자 미스터 최는 왠지 부아가 났다. 어디서 사람들이 나타나서 자신에게 이렇게 치근거리며 다가온단 말인가. 자신이 하던 방식 꼭 그대로였지만 이 사람들의 모든 행동은 치근거리는 것으로밖에 생각이 안 되었다. 미스터 최는 고민하다 풀 벳을 한 번 하기로 했다. 이 풀 벳을 해서 이기는 돈을 사람들에게 다 나눠줘버리자. 그러면 자신은 테이블 위의 돈을 다 지킬 수 있다. 그는 플레이어에 풀 벳을 했다. 안타깝게도 뱅커가 나왔다. 이번에는 뱅커에 풀 벳을 했다. 이번에는 반대로 플레이어가 나왔다. 한 번 더 풀 벳을 해서 지게 되자 미스터 최의 테이블 위에 있던 칩은 반이 달아나버렸다. 미스터 최는 갑자기 신경질을 내기 시작했다. 그는 주변 사람들에게 짜증을 내고 못내는 옆에서 좀 비키라고 고함을 질렀다. 누군가가 미스터 최의 따귀를 때렸다.

"이 나쁜 자식, 너 임마 항상 옆에 와서 알랑거리고 손 벌리고 하던 자식이 이제 좀 이겼다고 나를 거지로 봐. 이 나쁜 자식!"

미스터 최는 말도 되지 않는 논리로 마구 고함을 질렀다. 그리고 못내는 가진 돈을 몇 번에 나누어 테이블에 벳을 했다. 물론 결과가 좋을 리가 없었다. 그 게임이 끝나고 나자 미스터 최는 다시 무일푼이 되었고 어쩔 수 없이 사람들에게 다가가 다시 예전처럼 손을 벌리기 시작했다. 자신이 어제 그토록 귀찮아했던 자기 주변의 사람과 똑같이 행동할 수밖에 없는 것이었다. 사람들은 미스터 최를 받아주었다. 그러나 미스터 최는 그 후로도 게임을 할 때는 사람들이 보지 않는 시간, 보지 못하는 장소에서 게임을 했다. 누군가 나타나면 그때부터 마음이 몹시 불안해졌던 것이다.

미스터 최의 이런 불안증은 카지노에 있는 내내 고쳐지지 않았다. 그 사이 미스터 최는 유산을 상속받게 되어 다시 큰돈을 가지고 카지노에 올 수 있었다. 하지만 그는 게임을 하면서 카드보다는 늘 주변을 살피는 데 신경을 쓰곤 했다. 누군가 아는 사람이 나타나면 그때부터 그는 불안해지기 시작했고 어떻게 하면 테이블 위의 있는 칩을 호주머니에 몰래 집어넣어 감추는가 하는 것을 생각하곤 했다. 그러다 그는 나름대로 방법을 생각해냈다. 지닌 돈의 극히 일부만 테이블 위에 꺼내 놓고 게임을 하는 것이다. 그러면 사람들이 자신이 얼마를 가졌는지 모를 테고 따라서 관심을 가지지 않을 것이기 때문이었다. 그래서 미스터 최는 언제나 조그만 돈으로 큰돈을 따는 게임의 모양새를 갖추게 됐고 그 이후로 한 번도 성공하지 못했다.

인간의 가장 큰 특징은 사회성에 있다. 이 세상 생물 가운데 사회적 관계에 의해서만 존재하는 경우는 오로지 인간밖에 없다. 그래서 같은 일을 하는 사람들과의 커뮤니케이션은 무엇보다도 중요하다. 하지만 카지노에서의 커뮤니케이션은 결코 도움이 되지 않는다. 사람들은 기다리고 기다린다. 자신의 고통이나 불행을 같이 짊어져 주고 도와줄 사람을 기다리는 것이다. 그래서 카지노에서의 인간관계는 자신이 이기는 것만으로는 충분하지 못할 때가 있다. 아는 사람들 모두를 행복하게 해야 된다는 것. 그것은 엄청난 부담이다. 사람을 사람답지 않게 만드는 곳. 그곳이 바로 카지노라는 것을 미스터 최는 깨달았다.

그는 지금도 가진 돈의 10분의 1만 테이블 위에 올려놓는다. 그러고는 늘 밑바닥에서 시달리다가 결국은 조금씩 가지고 온 것을 다 잃고야 만다. 그러지 않아야 되겠다고 늘 생각하지만 버릇은 고쳐지지 않았다. 그는 언제부터인가 그토록 염원하던 사람들과의 두터운 관계를 혐오하게 되기에 이르렀다.

카지노 시크릿

부담의 결과

필자는 사람들이 무조건 돈에 굽히는 것에 대해서 강한 거부감을 가지고 있다. 과거 마카오가 중국에 반환되기 전에 필자는 마카오엘 자주 가곤 했다. 그런데 필자는 승부에서 이기면 중국인들이 너나 할 것 없이 마구 손을 내미는 것에 상당히 분노하고 있었다. 우리나라는 돈 앞에서 그렇게 함부로 굴복 하지 않는 청빈함과 선비의 정신이 있는 세계적으로 드문 정 신문화이다. 그러나 중국의 경우는 돈이 바로 진리요 종교인 측면의 문화가 있다. 사람들은 남녀노소 할 것 없이 내게 손을 내밀곤 했다.

필자는 남루하고 가난해 보이는 사람이 손을 내밀면 어느 만치 주는 편이지만 젊은 여성이라든지 양복을 쫙 빼입은 중년 남성이 손을 내밀면 상당히 불쾌해진다. 하지만 마카오의 카지노에서는 이런 손님들뿐만 아니라 딜러와 매니저 그밖에 카지노에서 일하는 직원들, 그중에는 꽤 고급 직원들도 포함되어 있는데 그들은 필자 주변에 모여 있다가 게임이 끝나면 늘 손을 내밀곤 했다. 그래서 필자는 어느 순간부터 게임이 끝나면 그들을 10m 전방에 다 세우고는 그네들을 향해 칩을 뿌렸다. 수십 명 어떤 때는 백 명이 넘는 경우도 있었는데 사람들은 칩을 받기 위해 아우성이었다. 필자는 이쪽저쪽 마구 칩을 뿌려댔고, 자존심도 없이 환장해서 칩에 달려드는 중국인들을 비웃었다. 필자가 오랫동안 승부를 계속 할 수 있었던 것은 이렇듯 돈에 지배당하지 않겠다는 정신의 중요함을 늘 잃지 않고 있었기 때문인지도 모르겠다. 필자는 늘 승부를 신선하게 생각했고 이기기 위해서 지켜야 할 것들을 아주 엄격히 지키곤 했지만 언젠가 한 번 스스로에게 다짐한 것을 깨고 승부를 했었던 적이 있었다.

필자는 당연히 이길 거라고 생각했고 주변의 모든 사람들도 그렇게 믿고 있었지만, 처절하게 패배한 적이 있다. 스스로와의 약속을 지키지 못한 당연한 결과였을 것이다. 이유는 역시 사람 때문이었다.

그날 카지노에 갔을 때 테이블에 앉아 아무것도 하지 않고 있는 젊은 한국인 남녀가 눈에 들어왔다. 필자는 리스보아 카지노를 자주 가곤 했는데, 그곳에는 카지노 자체가 운영하는 큰 홀들이 있는가 하면 개인에게 임대를 내준 그런 방들도 많이 가지고 있다. 자신들의 방을 나름대로 꾸며놓고 자신들의 손님을 유치하곤 하는데 과거 청조 때의 붉은색과 황금색을 배합한 역사적 분위기가 좋아서 그 방을 자주 가곤 했다. 웬만해서는 거기에 아마추어들이 잘 오지 않는데 필자가 갔을 때 젊은 두 한국 남녀가 테이블에 앉아 있었던 것이다. 알고 보니 이들은 중국인들에게 여권을 뺏기고 잡혀 있는 상황이었다. 둘은 갓 결혼해서 신혼여행 차 홍콩에 왔다가 마카오까지 왔던 것이다. 이들은 상당히 여유가 있는 집의 자녀들 같았는데 처음에는 돈을 상당히 땄다가 벳이 커지고 이후 돈을 다 잃고는 옆에 있던 중국인 조직들에게 돈을 빌리기까지 해서 그마저 잃었던 것이다.

중국인들은 남자에게 한국에 들어가서 돈을 가지고 와 여자를 찾아가라고 하고 있었다. 분위기가 너무 살벌해서 남자와 여자는 겁에 질려 있었고 필자는 그런 상황을 알게 되자 그들이 받아 쓴 돈이 얼마인지 물어보았다. 그냥 돈을 주려던 필자는 승부사가 늘 그렇듯 얼마만큼 이겨서 그 돈을 주려고 했다. 그러나 필자는 그날따라 계속해서 잃어 댔다. 결국 자리에서 일어날 때 필자는 가지고 있던 돈 모두를 잃고 말았다. 절망적인 눈으로 필자의 게임을 지켜보고 있던 그 한국인 신혼부부 중 여자는 내가 다 잃고 일어서자 눈물을 흘렸다.

필자는 달리 돈을 만들어 그 신혼부부를 돌려보냈고 그 후부터는 어떤 일이 있어도 누군가를 돕기 위해 사람을 곁에 두고 이겨서 돈을 주어야 하는 상황으로는 절대 게임을 만들지 않는다.

그런데 그 후, 필자는 그 젊은 여성을 이후에도 몇 번 보게 되었다. 그 당시 신혼여행을 왔던 그 남편이 아닌 다른 남자와 다시 카지노에 왔던 것이다. 한국에 강원랜드가 오픈한 뒤에는 그곳에서도 그 여자를 보게 되었다. 이번에는 또 다른 남자와 같이였다. 부부가 카지노에 올 경우 돈을 잃는 것은 말할 것도 없고 십중팔구는 반드시 가정이 파탄난다는 것이 필자의 생각이다.

도박은 한때 운이 좋아서 이기는 것은 아무런 소용이 없다. 운이 좋아서 이기면 그 이긴 기억 때문에 반드시 다시 하게 되어 있는데 그때마다 운이 좋을 수는 없다.

반드시 '이기는 사람'으로 자신을 만들어 두지 않으면 결국은 지게 되어 있다. 이기는 사람이 되는 가장 첫 번째 조건은 가정을 안정시키는 것이다. 만약 지금 당신이 부인과 동행하고 있거나 그럴 생각이 있다면 십중구구는 가정이 파탄난다는 것을 알아야 한다. 어떤 사정이 있더라도 부인은 가정을 지키게 해야 한다. 그것이 승부를 하는 사람이 해야 할 가장 기본적 조건이다.

테이블에서도 잘난 사람

로스앤젤레스의 성공한 사업가인 황 사장은 처음 라스베이거스의 바카라 테이블에 앉자 주위를 먼저 살폈다. 혹시 아는 사람이 있을까 봐 그는 매우 신경이 쓰였던 것이다. 젊은 나이에 미국으로 건너온 그는 그야말로 열심히 일을 했고 또 열심히 교회에 다녔다. 로스앤젤레스의 많은 교포들이 그러하듯 그는 교회를 비단 신앙의 장소뿐만 아니라 사교의 장소로도 적극 활용했고 그의 친화력과 성실함은 사업이 번창하는 데 큰 도움이 되었다. 그는 많은 재산을 쌓아 놓고 나자 이제는 좀 쉬고 싶은 생각이 들었다. 그래서 그는 이것저것에 취미를 붙이기 시작했고 그러던 중 라스베이거스의 도박 테이블에 앉게 된 것이다. 그는 로스앤젤레스의 많은 교포들이 라스베이거스에 발을 디디곤 하다 결국은 완전히 망해버리는 것을 너무나 많이 봐왔기 때문에 자신이 사람들의 눈에 띌까 봐 극히 조심했다.

처음 시작한 바카라는 의외로 쉬웠다. 전혀 생각지도 않은 많은 돈이 따지자 그는 편하게 쉬면서도 돈을 벌 수 있는 방법이라고 생각하기 시작했고 겁 없이 바카라에 덤벼들기 시작했던 것이다.

그는 몇 군데 카지노를 다니면서 자신이 어떤 사람인지를 여가시간에 딜러와 매니저들과 더불어 얘기를 했다. 한 분야에서 성공한 사람들이 늘 그렇듯 그는 남들의 평가에 몹시 신경을 썼고 또 인정받는 것을 좋아했다. 그런 그였기 때문에 게임을 할 때에도 언제든지 주변 사람이 자기를 어떻게 보는가에 신경을 썼다. 쪼잔하게 보이지 않기 위해서 그는 자신의 본심과는 달리 어떤 때는 벳을 한층 키우곤 했다. 그리고 그 결과는 언제나 좋지 않았다.

그는 오랜 사업 경험으로 바카라는 잘게 벳을 하는 것이 매우 중요하다는 것을 터득하게 되었지만 이미 자신을 큰손으로 보는 사람들 앞에서 작은 벳을 한다는 것은 돈을 잃고 따고를 떠나서 자신이 쪼잔한 인물로 비쳐지는 것 같아 그것을 할 수가 없었다. 그는 게임을 하면서도 한껏 사나이다운 성공한 사람으로서의 모습을 늘 보였고 잃든 따든 남자는 남자의 모습을 잃으면 안 된다고 호기를 부리곤 했다. 그는 누추한 차림으로 앉아서 게임을 하는 사람들을 늘 비웃었다. 그가 라스베이거스에 갈 때에는 짧은 거리임에도 불구하고 가방으로 몇 개씩 되는 옷과 구두와 기타 치장에 필요한 용품들을 가지고 갔다. 그는 늘 성공한 사람의 차림으로 테이블에 나타나기를 좋아했고 남루하고 초라한 행색의 사람들과 같이 대화를 나누거나 어울리는 것을 싫어했다. 그는 롤렉스 금장 시계를 빼놓는 법이 없었고 3캐럿이 되는 다이아몬드 목걸이를 걸지 않고 테이블에 나서는 적도 없었다.

그는 가는 카지노마다 매우 관대하고 성공한 비즈니스맨이라는 인상을 줬고 이것은 그의 실제 인생과 전혀 다른 것이 아니었다. 그의 이런 습관은 자연히 벳을 하는 데에도 영향을 미쳤다. 그는 벳을 하기 전에 주변 사람들이 자신의 베팅 액수를 보고 자신을 어떻게 생각할까를 먼저 생각했다. 그러고는 본심과 달리 무모한 액수의 베팅을 곧잘 하곤 했는데 그러면서도 그는 한 번도 낭패한 표정을 지어본 적이 없었다.

그러던 어느 날 테이블에 앉은 일단의 사람들이 나누는 대화를 우연히 듣게 되었다. 아주 편한 티셔츠를 입고 앉아 있는 아랍 사람이 자신을 아라비아의 왕족이라고 얘기하는 것을 듣고 그는 자신의 귀를 의심했다. 그 다음 아주 초라한 옷을 입고 앉아서 쥐꼬리만 한 보습을 해대던 사람이 3천만 달러 이상의 부동산을 라스베이거스에 보유하고 있는 차이나타운의 거부 는 것을 알고는 아연실색할 수밖에 없었다. 실상을 알고 나니 자신과 더불어 게임을 하던 모든 사람 중에 자신이 가진 것이 제일 보잘것없었다. 하지만 언제나 가장 화려하게 옷을 입고 가장 담대한 베팅을 해왔던 것은 자신이었고 이들이 모두 대단한 사람들이라는 걸 알고부터는 오히려 벳이 더 커졌다. 그는 사람들이 자신의 일거수일투족에 대해서 어떻게 생각할까를 계속 생각했고 결국 이러한 생각은 그로 하여금 가진 모든 것을 잃게 만들었다.

가진 모든 것을 잃었지만 그는 다행히 자신까지 잃지는 않았다. 자신이 다졌던 사업의 영역이 있고 다행스럽게 관리를 잘했던 덕분에 사람들이 자신이 그토록 도박에 탐닉했었다는 것을 알지 못했다. 그는 다시 팔을 걷어붙이고 옛날과 마찬가지로 적극적으로 사업에 뛰어들었다. 그런데 어느 날 물건을 사러 회사에 온 바이어가 자신을 알아보았다. 그는 직원들에게 당신의 사장이 라스베이거스에서 큰돈을 잃은 사람이라고 얘기를 했고 이것은 소문이 되어 퍼져나갔다. 이

소문이 돌고 돌아 자신의 귀에까지 흘러 들어왔을 때 황 사장은 머리에 권총을 쏘아 자살하고 말았다. 이때 그는 자신이 라스베이거스에서 잃었던 돈의 반 이상을 다시 사업으로 회복하고 있었다. 그는 오히려 이전보다 더 멀리까지 나갈 수 있는 황금기를 맞고 있었던 것이다. 그는 자신의 진실이 무엇인지도 모르고 그렇게 자신의 삶을 마감하고 말았다.

누가 옳았나?

과거 한때 마카오의 롤링업자들 사이에서는 필자가 제일
인가 아니면 강정일이 제일인가를 놓고 의견이 분분했었다.
필자는 그 당시 마카오에 건너갈 때에 아주 적은 돈만을 소
지하고 가곤 했다. 일인당 여행객이 소지할 수 있는 한도는
카지노에서 게임을 하는 돈으로는 턱없이 부족했지만 필자
는 늘 일반 여행객과 같은 액수의 돈만을 가지고 마카오에
가곤 했다. 강정일은 필자와는 전혀 달리 거액의 돈을 가지
고 카지노에 나타나곤 했다. 그는 승률이 매우 좋았는데 그
의 게임 방식은 필자와는 아주 딴판이었다. 필자 역시 잃는
경우가 거의 없어 우리 두 사람은 마카오의 카지노 롤링업
자들 사이에서 늘 비교가 되곤 했다. 특히 게임 스타일이 정
반대라서 더군다나 많은 사람들의 입에 오르내리곤 했다.

강정일은 자신이 가진 돈의 70%를 한 번에 벳을 했다. 그
는 오랫동안 참고 기다리다가 자신이 찬스라고 생각되는 때

에 가진 돈의 70%를 베팅했는데 이것이 참 잘 들어맞았다. 그러면 그는 이내 가지고 왔던 돈의 몇 배를 짧은 시간 안에 이기곤 했다. 그 다음 그는 게임을 중지하고 돈을 챙겨서 한국으로 돌아 곤 했는데 그의 게임 모습을 한마디로 얘기하자면 전력으로 치고 빠지는, 문자 그대로 올인하는 방식이었다. 70%를 첫 번째 벳에 쳐버린다는 것은 사실은 가진 것 전부를 치는 것과 크게 다름이 없는 방식이었다. 반대로 필자는 그와는 게임 방식이 전혀 달랐다. 필자는 아주 적게 가지고 간 돈을 가지고 그나마도 그것을 수없이 쪼개고 거의 최저 베팅 부근에서 시간을 많이 보내곤 했다. 그러나 필자는 이를 악물고 끈질기게 달라붙었고 어쨌든 피와 땀과 눈물을 다 쏟은 끝에 게임에서 어느 만큼의 성적을 거두곤 했다.

많은 세월이 흐른 후 필자는 한국의 강원랜드에서 그를 만날 수가 있었다. 필자는 마카오를 가지 않은 지가 한참 됐기 때문에 그의 소식을 궁금해하고 있었고 따라서 강원랜드에서 그를 보자 무척 반가웠다. 하지만 이제는 나이가 많이 들어서 그런지 그의 얼굴은 피곤에 절어 있었고 지쳐 있었다. 무엇보다도 그의 얼굴에는 한 줄기 두려움이 숨어 있었다. 나는 그가 게임하는 것을 흥미를 가지고 지켜봤는데 그는 더 이상 과거처럼 한 번에 가진 돈의 70%를 베팅하지 않았다. 무엇보다도 나를 놀라게 했던 것은 누가 뭐래든 남들이 어디로 가든 상관없이 꼿꼿하게 지켜보다 자신의 판단에 의지해서 벳을 하던 그가 이제는 선뜻 벳을 하지 않고 다른 사람들이 어떻게 벳을 하는지를 유심히 살펴서 그들과 의논을 한 다음 벳을 하는 것이었다. 그의 이런 행동은 약간 지나쳐서 어떤 때는 다 같이 합의하고 의논해서 한쪽으로 벳을 해야 한다는 분위기를 테이블에서 자꾸 만들어냈고 그와 반대로 가서 이기는 사람이 있으면 그 사람에 대해서 화를 내기도 했다. 너무나 뜻밖의 모습이라 필자는 상당히 놀라웠다.

물론 필자는 과거에도 그런 생각을 하지 않았던 것은 아니다. 한때 갬블을 이기는 것은 소용이 없다. 왜냐하면 이긴 사람은 그것을 그만두지를 못한다. 이겼을 때의 그 쾌감과 현실 적인 이득이 있기 때문에 지난번에 이겼는데 이제 끝낸다 하는 사람은 없다. 이겼기 때문에 또 하게 되어 있고, 그래서 자기를 항상 이기는 인간으로 만들어두지 않으면 한때 이기고 한때 돈을 따는 것은 아무 소용이 없는 것이다. 결국은 죽는데 죽기 전에 물 한 모금을 더 마셨느냐 안 마셨느냐의 차이가 딴 사람과 따지 못한 사람 사이에 있을 뿐이다. 어찌됐든 그 당시에도 필자는 그의 게임 방식을 굉장히 위험하게 생각했는데 많은 세월이 흐른 후 그를 보자 이후의 그의 게임이 어땠는지를 충분히 알 수 있었다. 그는 결국 아름답지 못한 모습으로 그의 도박 인생을 마쳤다. 한때 아무리 성적이 좋다 하더라도 그것이 안전을 최우선으로 고려한 것이 아니면 결국 가는 길은 마찬가지이다. 그러니 바카라란 얼마나 자신을 제어할 수 있느냐 하는 게임이고 자신을 제어할 수 있는 길은 그것이 도박이든 학문이든 정치든 도를 닦는 것이든 다 똑같다. 자신의 내면을 깊이 관찰하고 조금씩 조금씩 개선해 나가고 바꿔 나가야 하는 것이다.

도박을 운 좋으면 이기고 운 나쁘면 지는 것으로 본다면 그런 도박은 절대로 해서는 안 된다. 그거야말로 자신을 망치고 주변을 망치고 나아가서는 사회에 전혀 도움이 안 되는 것이다. 마치 도를 닦듯이 경건한 마음가짐으로 자신의 생각 하나하나 동작 하나하나에 진심과 진지함과 엄숙함을 담고 항상 위험을 경계하고 돌다리도 백번 두드려보는 자세야말로 인생이나 도박이나 똑같이 필요한 것이다. 그러고 보면 도박은 참으로 인생을 많이 닮았다. 인생이나 도박이나 요행을 바라는 사람은 받아들이지 않는 것이다.

어떤 모순

강 사장은 게임을 할 때면 언제나 휴대폰을 꺼내 테이블 위에 놓아둔다. 전화는 수시로 걸려왔고 그는 걸려오는 전화마다 받는다. 그러면서 그는 항상 거짓말을 한다. 서울에 있으며 지금 손님과 만나 대화 중이라고 얘기하는 것이다. 그는 성공한 사업가이다. 그러나 그의 사업 규모는 그렇게 큰 것은 아니었고 카지노에서 하루에 왔다 갔다 하는 금액은 그의 회사의 한 달치 매출보다도 더 높은 경우도 있었다. 즉 그는 자신의 사업보다도 30배 이상 중요한 사업을 카지노에서 하고 있는 것이었다. 그러면서도 그는 늘 전화를 꺼내 놓고 게임을 한다. 어떤 때 그는 자신이 전화를 받느라고 뱅커에 벳하려고 했던 것을 플레이어에 놓는 경우도 있다. 물론 그렇게 해서 틀릴 것을 맞힌 경우도 있지만 똑같은 확률로 맞을 것을 틀린 경우도 있다. 틀릴 것을 맞힌 경우에 그는 얼만치 기뻐하기는 하지만 크게 드러내지는 않는다. 하지만 전화를 받느라고 가야 할 곳을 거꾸로 갔을 때에는 미친 듯이 화를 낸다. 그러고는 전화를 탓하는 것이다. 하지만 전화가 걸려오면 그는 또 그 전화를 받는다. 필자는 그는 자신의 인생이 어떤 건지 모른다고 생각할 수밖에 없었다. 도대체자신의 사업보다도 30배 이상 규모가 큰 일을 하면서 왜 그 30분의 1도 안 되는 사업의 아주 조그마한 부분에 그렇게 집착하는 것일까. 물론 직업인으로서의 그의 자세는 훌륭한 바도 있다. 그렇지만 어찌되었든 중요한 일에 임하는 사람의 자세가 아닌 것은 틀림없다. 세상에 무슨 일이든지 산만해서는 이루어지는 게 없는 법이다. 카지노에 들어설 때는 꼭 필요한 전화라면 카지노에 들어서기 전에 다 해결해야 한다. 그리고 카지노에 들어설 때는 휴대폰은 반드시 끄고 들어와 테이블에 있는 내내 게임에만 집중을 해야 하는 것이다. 언제 걸려올지 모르는 아주 중요한 전화라 하더라도 미리 해결하거나 미리 해결이 안 되면 그 전화를 꺼야만 한다. 아니면 게임을 하지 않아야 한 다. 무엇이 중요한지 모르는 사람들은 요즘도 카지노 안에 상당히 많이 있다. 도처에서 전화벨 소리가 들리니 말이다.

강 사장을 괴롭히는 것은 전화 말고 또 있다. 그것은 바로 약속이다. 그는 카지노에 오기 전에 많은 약속을 하고 오는 것으로 보인다. 또 카지노에 있으면서도 전화를 받고 즉석에서 여러 가지 약속을 한다. 어떤 약속은 그가 한 시간 안에 일어나 전속력으로 차를 타고 서울로 돌아가야만 겨우 시간을 맞출 수 있는 그런 약속도 있다. 하지만 그 약속을 해놓고 그 시간에 맞춰 돌아가는 것을 나는 본 적이 없다. 그가 카지노를 떠나는 것은 매번 가진 돈을 모두 잃었을 때이다. 그는 지키지 못할 약속인 걸 뻔히 알면서도 약속을 한다. 그러면 그는 약속을 지킬 의사가 전혀 없어서 그러는 것일까. 그것은 그렇지 않은 듯하다. 그는 연신 시계를 보면서 약속 시간 걱정을 하며 게임을 한다. 물론 아까도 얘기했듯이 돈의 액수를 떠나 카지노에서의 게임은 자신의 사업보다 훨씬 중요치 않다고 생각했기 때문이다. 사업가로서 사업을 가장 중요하다고 생각하는 태도는 바람직하지만 그러나 그는 매우 큰 실수를 범하고 있다. 도박에서 이기기 위해서는 늘 자신의 진실에 대해서 강한 믿음을 가져야 한다. 사람들은 저마다 자신이 중요하다고 생각하는 일을 따로 가지고 있다. 검사는 범인을 잡아 형무소에 보내는 일이 가장 중요하다고 생각하고 의사는 환자를 치료해 낫게 해주는 것이 가장 중요하다고 생각한다. 목사는 그 무엇보다도 신도들과 교회에서 기도를 하는 것이 중요하다고 생각한다. 그렇게 본다면 도박을 하는 사람은 그 도박을 하는 순간만큼은 자신이 하는 일이 세상에서 가장 중요하다는 믿음과 자신감을 가져야 한다. 도박은 부끄러운 것이고 남들이 알면 안 되는 것이라고 생각하는 한 그 사람은 자신의 진실이 없이 게임을 하고 있는 것이다. 그렇다면 결과는 뻔하다. 이 세상에 그 무엇보다도 어려운 것이 도박이기 때문에 자신의 진실을 가지고 모든 신경을 집중해야 겨우 승부를 다툴 수가 있는 것이다. 무엇보다도 자신이 현재 하고 있는 도박이 다른 어떤 것보다도 중요하다고 믿는 확신, 그 확신이 없이는 결코 도박을 해서는 안 된다. 강 사장은 한마디로 도박의 흉내를 내는 것이지 진정한 도박이 뭔지 영원히 알지 못할 것 같다. 그것은 돈의 문제는 아닌 것이다.

누가 징크스를
두려워하는가?

최 사장은 징크스를 매우 중요시한다. 그는 자신이 좋아하는 징크스와 싫어하는 징크스를 몇 개씩 가지고 있다. 그러고는 그 징크스에 따라 게임을 하는 것이다. 즉, 카지노에 가는 차에서 첫 눈길을 준 자동차의 번호판이 합해서 바카라나 한 끗이 나오면 그는 몹시 불안해한다. 자신이 오늘 게임은 질 거라고 받아들인다. 반대로 자동차의 번호판이 여덟이 나오거나 아홉이 나오면 그는 반드시 딸 거라고 생각을 한다. 자동차 번호판뿐이 아니라 그는 사우나에 가서 옷장키를 받았을 때에 그것이 바카라거나 한 끗이면 또 역시 심한 불안에 시달린다. 여덟이나 아홉이면 의기양양해지는 것은 자동차 번호판의 경우와 다를 바가 없다.

징크스가 반은 좋을 테고 반은 나쁘니까 이것이 크게 나쁘지 않을 거라고 생각하기 쉽겠지만 사실 징크스는 그것이 불길한 징조든 길조든 모두 게임에 몹시 방해가 된다. 징크스를 믿는다는 것은 한마디로 자신이 하는 일에 대한 확신이 없다는 것이다. 늘 자신이 하는 사업이나 늘 하던 식사나 이런 것들이라면 다소 이상한 것이 있다 하더라도 전혀 흔들리지 않을 것이다. 식당에 들어가는데 눈에 뜨인 번호가 바카라라고 해서 밥이 맛없을 거라고 생각하는 사람은 아무도 없다. 사업상 팩스를 받았는데 거기에 상대방의 전화번호가 합해서 바카라라고 해서 사업이 못 될 거라고 생각하는 사람도 역시 없을 것이다. 징크스는 자신이 불안하거나 확신이 없거나 기타 여러모로 긴장하고 초조해 있다는 것을 얘기하는 것인데 이것은 게임할 때에 상상 외로 큰 장애를 가져다준다.

테이블에서의 징크스도 있다. 자신이 배한 칩이 손에 걸려 쓰러지면 그것은 잃을 거라고 생각하는 사람이 있다. 또는 딜러가 카드를 돌리다 실수를 하는 경우도 자신이 질 거라고 생각한다. 이런 징크스는 게임을 하는 내내 잠재 심리 속에 똬리를 트고 있다 아주 묘한 때에 게임을 망치기 일쑤이다. 이런 징크스는 사람에게 불안감도 주지만 또 엉뚱한 용기도 주기 때문에 게임을 하다 실제 카드의 흐름과는 전혀 다른 곳에서 풀 벳을 한다든지 매우 비이성적이고 위험한 행동을 하게 만드는 것이다. 인간이란 원래 매우 약한 존재였고 미개한 상태로 오랜 세월을 살아 왔다. 그러다 보니 앎이 정확치 않은 데에서 오는 각종 의심과 불신이 이런 징크스를 만들어내는 것이다. 징크스라고 생각했던 것을 그런 감정을 떨쳐버리고 냉정하게 논리적으로 분석을 해보면 아무런 근거가 없다는 것은 누구나 잘 알 수가 있다. 자신이 하는 일에 확신이 없을 때에 생기곤 하는 이 징크스.

이것에 지배당하는 한 결코 게임을 이길 수가 없다. 만약 어떤 징크스를 가지고 있다면 과감하게 그것을 내던져야 한다. 갑오가 나온 날이라고 있는 돈 다 끌어 모아서 카지노에 와서 도 안 되고 씩씩하게 벳을 해서도 안 된다. 마찬가지로 바카라나 한 끗이 나온 날이라고 해서 으레 질 거라고 생각하고 게임에 임해서도 안 된다. 징크스는 승부사라면 반드시 극복해야 할 그 무엇인 것이다.

우리 욕망의 끝

배 여사는 10년째 마카오에 다니고 있다. 남편이 부동산 일을 하는데다 자신도 오랫동안 샵을 경영하고 있었기 때문에 돈에 여유가 있는 편이었지만 10년간이나 마카오에 다니다 보니 그동안 결혼해서부터 앞만 보고 살아오며 부부가 모았던 모든 것을 다 잃어버리고 이제는 예전처럼 자주 마카오에 오지는 못하고 있다. 하지만 비행기 값을 빼고 얼마만큼이라도 할 수 있는 여유만 생기면 배 여사는 뒤도 돌아보지 않고 마카오로 날아오는 것이다.

배 여사에게는 황홀하고 찬란한 기억이 있다. 그녀가 마카오에 두 번째 왔을 때인가 한 번은 믿을 수 없을 정도로 큰돈을 딴 적이 있었다. 그 당시는 한국에서 마카오로 직접 오는 비행기가 없었고 홍콩을 통해 입국한 다음 페리를 타고 한 시간가량 바다를 건너 마카오에 입국하곤 했었다. 그녀는 당시 500만원 정도의 돈을 가지고 카지노에 들어가서 갬블을 시작했는데 이제껏 그토록 오랜 세월 돈을 다루어봤지만 꿈에도 생각해보지 못한 운이 붙어 엄청난 돈을 땄던 것이다. 그녀는 그 당시 제정신이 아니었다. 생각도 하지 못한 금액이 계속 들어오자 그녀는 정신을 거의 잃은 상태에서 게임이 뭔지도 모르고 엎고 엎고 엎어서 삽시간에 두 배, 네 배, 여덟 배, 열여섯 배, 서른두 배, 예순네 배까지도 돈이 불어났던 것이다. 그녀는 주변 사람들에게 몇백만원씩을 다 나눠주고도 3억을 가지고 한국으로 돌아왔다. 그날 이후로 배 여사는 완전히 딴 나라 사람이 됐다. 어떤 일도 손에 잡히지 않았고 그것이 평생에 한 번 올지 말지 모르는 행운이었다고는 생각하지 못한 채 언제든지 자신은 마음만 먹으면 그렇게 이길 수 있다고 믿게 되었다. 그 후 그녀는 시간만 있으면 마카오로 날아가곤 했던 것이다. 그러나 카지노에 달려들었던 모든 사람이 그러하듯 아무것도 모르던 시절의 철없는 우연한 승리를 항상 가능한 것이라는 신념 아래, 가졌던 모든 것을 카지노에 바쳐버리고 말았던 것이다.

그녀의 남편은 전국 곳곳에 제법 많은 땅을 소유하고 있었지만 부인에 대한 사랑이 깊었던지 배 여사를 위해 그 모든 땅을 다 없애버리고 한편으로는 배 여사를 원수처럼 미위하면서도 또 한편으로는 배 여사가 항상 눈물을 흘리며 회상해내는 그 황홀한 순간을 다시 한 번 기대하는 뜻에서 온 힘을 다해 배 여사가 마카오로 날아가도록 지원을 해주었다. 그런데 오늘 배 여사는 그때 이후로 한 번도 잡아 보지 못했던 기가 막힌 패를 계속 잡아가고 있었다. 정말 믿을 수가 없을 지경이었다. 실수로 벳을 잘못했는데도 그것은 마치 거짓말처럼 맞아 들어갔고 뱅커에 놓는다고 한 게 잘못해 플레이어에 놓은 경우에도 맞아 들어왔고 여기서 한 끗을 잡으면 저쪽은 다섯 끗에서 세 번째 카드를 받고는 바카라가 되곤 했다. 무수한 에잇과 나인을 잡아냈음은 말할 것도 없다. 배 여사는 5천만원이 되었을 때에 눈을 질끈 감았다. 이제 일어나면 요즘의 어려운 상황을 그런대로 다 처리하고 힘들어 하는 시집간 딸에게도 어느 정도 돈을 보내 줄 수 있을 것이었다. 딸은 남편이 실직해 매우 어렵게 하루하루를 보내고 있는 중이었다. 그러나 막상 일어나려고 하는 순간 배 여사의 머릿속에는 오기 같은 것이 불끈 치밀었다. 그간 잃었던 상상할 수도 없는 금액이 갑자기 머리를 무겁게 짓눌러왔다. 그런 큰돈을 잃고도 이런 조그만 것에 만족하며 일어서는 자신의 모습이 너무나 초라하게 생각되었고, 또

한편으로는 이런 정도로 게임이 되면 몇 번만 더 거치면 순식간에 억대에 도달할 수 있을 것이었다. 하지만 그녀의 눈에 또다시 현재 가지고 있는 돈이면 아쉬운 대로 많은 걸 해결할 수 있다는 현실적인 감각이 되살아났다. 그녀는 한참 고민하다 이윽고 자리에서 일어나며 칩을 주머니에 집어넣기 시작했다. 그런데 다음 순간 너무도 좋아 보이는 그림이 눈에 스쳤다. 그녀는 갑자기 자신도 모르게 주머니에 거의 다 넣었던 칩을 몽땅 꺼내 플레이어에 베팅을 했다.

"플레이어 에잇."

배 여사는 환호성을 지를 뻔했다. 에잇. 99% 이긴 거나 다름이 없었다. 자신의 모험은 성공이었다. 배 여사의 뇌리에 이제 어려운 현실을 풍족하게 해결하고 있는 그림이 그려졌다.

"뱅커 나인. 뱅커 윈."

다음 순간 배 여사는 갑자기 멍해졌다. 머리가 어지럽고 도저히 선 채 있을 수가 없었다. 배 여사는 자리에 털썩 주저앉았다. 또다시 똑같은 실수를 하고 말았던 것이다. 사실 배 여사는 그간 한국의 강원랜드에서도 목표액을 적게 잡아서 드물지만 간혹 목표액을 이루는 경우가 있었다. 목표액은 500만원. 한껏 잡아야 천만원이었다. 그 목표를 이루었을 때마다 배 여사는 과거의 기억이 꾸물꾸물 되살아나는 것을 느꼈고 결국은 그 과거의 기억 때문에 그나마 해소할 만한 현실의 짐을 몇 배로 과중하게 지고는 비참한 기분으로 카지노를 나오곤 했었다. 결국 배 여사는 남겨두었던 본전까지 다 털어 넣은 다음 일 원짜리 하나 없는 상태에서 카지노를 비틀거리며 걸어 나왔다.

인간은 기억의 동물이라 과거에 사로잡히는 것은 어쩔 수가 없다. 그러나 카지노에 들어서는 그 순간부터 과거의 기억은 말끔히 지워버려야 한다. 게임에 가장 방해가 되는 것은 항상 과거의 기억이다. 과거를 기억하는 한 언제나 패자로서 게임을 하게 되고 그 괴로웠던 기억은 잠재의식 저 깊은 곳에 내재하고 있다가 이제 목표가 달성되면 어느새 꿈틀대며 일어나 결국은 다 잃고 일어날 때까지 머리를 흔들어 놓고 정신을 혼미하게 만드는 것이다.

우리의 삶도 이와 같다. 항상 새롭게 동이 터오는 하루하루를 기쁜 마음으로 받아들이고 그 순간순간을 성실하고 진지하게 살아갈 때만이 가능성이 있지 과거의 영화와 화려했던 순간만을 생각하면 무덤에 갈 때까지 남은 시간은 뻔한 패배자의 먼 길을 걷는 것에 불과하다.

손자병법

　미스터 남은 카지노에서 어느 정도 게임을 하다 보니 큰 진리를 깨달았다. 인간이란 늘 안전을 도모하는 존재이고 생존에 큰 미련을 갖는 존재이다 보니까 현재 잃고 있지 않거나 따고 있으면 매우 신중해지고 조심스러워지는 법이다. 반대로 본전에서 빠지거나 잃고 있을 때에는 자신도 모르게 마음이 급해지고 분노가 일어나며 풀 벳으로 나가게 된다.

　미스터 남은 이것을 막아보려고 많은 노력을 하고 스스로에게 수없이 다짐도 했지만 그것은 거의 본능적인 것 같았다. 여기에서 미스터 남은 자기만의 게임 방법을 개발했다. 즉 이길 때 에는 조심스럽고 신중하게 벳을 하기 때문에 게임의 규모가 작아지고 따라서 전체 이긴 금액도 적을 수밖에 없었다. 그러나 질 때에는 마구 쏟아붓기 때문에 이겼을 때보다도 몇 배 이상 많은 돈을 잃게 마련이었다. 승수로 따져도 5승 1패를 한다 하더라도 5승을 했을 때 이긴 금액의 합계보다 1패를 했을 때 잃은 금액이 많은 경우가 허다했다. 그래서 그는 카지노 생존 전략으로 작은 돈을 가지고 게임을 한다는 자신만의 법칙을 만들었다. 잃어봐야 작은 돈이니 큰 타격이 없고, 땄을 때에는 큰돈을 따니 작은 돈으로 큰돈을 따는 게임을 자기만의 방식으로 삼은 것이다. 그렇게 하니까 예상대로 게임을 오래 할 수도 있었다. 한 번 질 돈으로 열 번, 스무 번을 할 수 있으니 행복했다. 그런데 문제는 승률이 높지 않다는 것이었다. 작은 돈 으로 하다 보니 조금만 틀려도 올인되기 일쑤였고 그렇다고 해서 언제가 만족스럽게 이긴 순간인지 판단하는 것도 쉽지 않았다. 정작 잃을 때 적게 잃는 것은 계획대로 됐으나 제대로 이겨본 적이 거의 없게 되었던 것이다.

그동안 미스터 남은 많은 할 일을 희생시켜 가며 마치 카지노의 직원처럼 거의 하루 종일 카지노에 붙어살다시피 했다. 그런 세월을 보내다 보니 이제는 제대로 된 벳을 한 번 하는 것도 매우 겁이 났다. 언제나 작은 돈으로 안전을 도모하는 것은 바람직했지만 바카라의 최대 장점이라고 할 수 있는 엎어치기는 엄두도 내지 못했다. 그러다 보니 항상 5% 커미션에 걸려 죽는 것이었다. 5% 커미션을 계산해보자. 만약 백 번의 벳을 이겼다고 치자. 그 가운데는 플레이어로 가서 이겼을 수도 있고 뱅커로 가서 이겼을 수도 있다. 그렇게 볼 때 백 번에 대해 서 2.5%의 커미션을 줬다고 보면 된다. 따라서 보통 한 슈가 67핸드 정도라고 본다면 세 슈를 하게 되면 가진 돈의 25%를 커미션으로 지불하게 되는 것이다.

미스터 남처럼 게임을 하게 되면 패하는 것은 필연적이다. 바카라는 매우 안전하게 하면서도 어떤 때에는 미친 듯이 쳐대야 하는 이유가 거기에 있다. 그렇기 때문에 바카라는 언제든 자신의 욕망을 컨트롤할 수 있는 힘이 필요하고 이것이 가능할 때라야만 비로소 승리의 한 자락이 보이는 것이다. 거의 모든 인간은 그럴 수 없기 때문에 작은 돈으로 큰 돈을 따겠다는 생각은 얄팍한 계산에 불과하다. 일단 그러한 발상 자체가 많은 시간을 카지노에서 보내야 한다는 점에서 카지노 폐인의 길을 예약해두는 것과 진배없다. 항상 명심해야 한다. 카지노에서는 큰돈으로 작은 돈을 따야 하고 그 목표를 이루었을 때에는 사정없이 자리에서 벌떡 일어나 카지노를 빠져나와야 한다. 그렇지 않으면 본능에 또는 잠재의식 깊은 곳에 내재되어 있는 그 어찌할 수 없는 욕망에 사로잡혀 결국은 다 털리고 나서야 비참하게 내어 쫓길

뿐이다. 특히 젊은 사람들은 카지노에 시간을 많이 투자해서 게임을 이기겠다는 생각을 하는 즉시 자신의 남은 인생을 내팽개친 거나 다름없다는 사실을 명심하기 바란다.

항상 큰돈으로 작은 돈을 따는 목표를 세워라.

인간의 잠재의식

오래전 라스베이거스에서 본 캐나다 남매의 이야기다. 이 남매는 국제적인 의류 오퍼상으로 한국이나 중국과 같은 나라에서 대량으로 의류를 수입해 캐나다 전국에 내다 파는 사람들이었다. 그들은 당시 아시아산을 선호하는 미국과 캐나다의 분위기에 힘입어 짧은 시간에 많은 돈을 벌었고 자연스럽게 라스베이거스를 찾았다. 카지노에서의 돈 거래는 아마 적당한 수준에서 적절히 게임을 하는 사람들조차도 웬만한 중소기업의 하루 매출 혹은 일주일 매출, 어떤 때는 한 달 매출과도 맞먹는 큰돈이 거래되는 법이다. 몇 년 동안 무섭게 돈을 벌어왔던 이들 남매는 불과 6개월도 안 되는 사이에 벌어둔 모든 돈을 카지노에서 다 탕진하고 말았다. 거래처에서 미리 받아 카지노에서 없앤 것만도 어마어마한 액수였다. 이들은 이제 중국과 한국에 물건 값을 치를 형편도 못 되었고 또 캐나다와 미국의 거래처에서는 선금을 많이 받아 썼기 때문에 더 이상 사업을 지속할 수 없었다. 그들은 어쨌든 카지노에서 승부를 보기로 했다. 어느 날부터 여동 생은 카지노의 호스트를 유혹했고 급기야 그 호스트의 아이를 갖게 되기에 이르렀다. 배가 잔뜩 부른 채로 카지노에 나타나 게임을 하던 그 여자의 모습이 지금도 생생하다.

어쨌든 필자가 여기에서 이야기하고 싶은 것은 바로 그 컨트롤되지 않는 인간의 무한한 욕망에 관해서다. 도박을 하는 사람들은 이 욕망이 얼마나 무서운 것인가를 먼저 깨달아야 한다. 어떤 사람들은 도박을 자기와의 싸움이라고 한다. 즉 자기를 잘 추스르면 이길 수 있다는 것인데 이것은 단순한 생각이다. 인간은 결코 자기와의 싸움에서 이길 수가 없다. 처음 헬스클럽에 등록할 때는 매일매일 꾸준히 나가 멋진 몸매를 만드는 꿈을 꾸고 계획을 세운다. 처음 담배를 끊을 때에는 영원히 끊을 수 있을 것으로 생각한다. 사람의 모든 것은 다 마찬가지이다. 좋고 희망적으로 계획을 세우는 힘이 있으면 그 힘 못지않게 그것을 무너뜨리는 무서운 반욕구도 있다. 아마 이것은 거의 본능적일 것이다. 욕망은 상황이 여의치 않을 때에는 깊은 겨울잠을 잔다. 그러나 일단 상황이 좋아지고 목표 달성이 가능하다고 여겨지는 그

카지노 시크릿

순간 갑자기 상상도 할 수 없는 빠른 속도로 뇌를 치고 들어온다.

이들 남매는 그 게임이 그네들 인생의 마지막 게임이 될 것이라고 생각했다. 여자는 카지노 호스트로부터 버림을 받았고 오빠 역시 사정이 다를 바가 없었다. 그들은 혼신의 힘을 모아 그들의 나이 든 부모가 살고 있는 집을 눈물로 호소해 팔고 부모를 요양원 같은 곳에 집어넣은 다음 마지막 돈을 들고 카지노에 나타났던 것이다. 그들은 그 게임을 이기면 다시 집을 찾고 부모를 모셔오고 이제는 조그맣게 다시 사업을 시작해볼 계획이라고 했다. 이들은 그동안 오랫동안 내 게임을 관찰했다며 필자를 찾아와 자신들의 어려운 처지를 호소했다. 필자는 그런 것들이 다 필자의 게임을 방해하는 요소인 걸 너무나 잘 알고 있었기 때문에 귀를 기울이지 않았지만 만삭이 되어버린 그 여동생의 눈물을 보고 어쩔 수 없이 그들을 돕기로 했다. 필자는 그들에게 나와 똑같이 게임할 것을 제안했다. 베팅하는 액수도 똑같게 어디에 베팅을 하고 언제 쉬며 언제 식사를 하는지도. 그들은 마치 나의 그림자처럼 행동했다. 보통때였으면 견디지 못하고 나가떨어졌겠지만 그들은 그것이 인생의 마지막 게임이란 걸 너무나 잘 알고 있었기 때문에 그 무료함을 참고 깊이 인내하며 필자를 그대로 따라 했다. 그러자 그들의 세상에 새로운 천지가 전개되기 시작했던 것이다. 도대체 이렇게 해서 언제 잃은 돈을 회복할 것인가 회의하고 불신했던 것이 갑자기 어느 순간이 되자 몇 배 이상 불어나 있었던 것이다.

그들은 목표액의 거의 95%를 달성했다. 필자는 참 오랜만에 죽음의 그림자가 드리웠던 그들의 얼굴에서 밝은 미소를 보았고, 새로운 미래를 기약하는 남매의 즐거운 목소리도 들었다. 그런데 갑자기 이해하지 못할 일이 일어났다. 이들은 원래 처음부터 필자를 완전히 신뢰했던 것은 아닌 모양이었다. 사람은 저마다 게임 법이 다르고 필자는 그림을 믿지 않기 때문에 그때그때 그림을 맞히는 것에 대해서는 아무런 신경을 쓰지 않는다. 오히려 그림을 잘 맞히는 것은 게임에 방해가 될 수 있다고 생각하는 편이었고, 그들은 정반대였다. 물론 대부분의 바카라를 하는 사람들이 그러하듯 말이다. 그래서 95%가 달성됐을 즈음에 필자가 계속 틀리기 시작하자 그들은 갑자기 필자에 대한 강한 불신을 가지게 되었다. 물론 필자는 아무리 틀려도 별반 상관이 없었다. 왜냐하면 벳으로 조정을 하기 때문에 근본이 흔들리지 않는 것이다. 또한 필자는 언제나 위험을 근원적으로 예방하는 게임 법, 즉 이 책을 처음부터 본 독자들은 잘 알겠지만 목표액을 쪼개고 그 쪼갠 목표액을 다시 쪼개서 한 걸음씩 올라가기 때문에 한 게임에서 많이 틀려도 근본적으로 허물어지는 법이 별로 없었던 것이다.

하지만 이들은 이제 여유가 생기자 차츰 자신들을 주장하고 싶었는지도 모른다. 어쨌든 그들은 갑자기 필자와 반대로 벳을 하기 시작했다. 그것까지는 아무런 문제가 없었다. 틀리는 것보다는 맞는 게 낫기 때문에. 하지만 그들은 그동안 눌려져 왔던 그 본능이 불러일으키는 강한 힘에 이끌려 어느 순간 갑자기 큰돈을 필자의 반대쪽에 베팅을 해버린 것이다. 이제껏 그네들이 마음속으로 하던 베팅이 늘 맞아 왔는지 모르겠지만 불행하게 그때만큼은 그들이 틀려버렸다. 그러자 그들은 이제 필자 쪽으로는 고개를 돌리지도 못하고 실수를 만회하기 위해 계속 더블 더블로 베팅을 해 나갔다. 그때 계속된 여섯 번의 베팅 중에 한 번만 맞았어도 그들은 꿈을 이루고 마지막 게임을 승리로 장식했을 것이다. 물론 그랬다고 해도 그들은 후에도 사업에 몰두하지 못하고 다시 라스베이거스로 돌아오리라고 생각하면서도 부모에게 다시 집을 찾아줄 수는 있을 걸로 여기고 도왔던 것이지만, 아무튼 그들의 이후 여섯 번의 벳은 모두 실패였다. 확률로 치면 2분의 1, 4분의 1, 8분의 1, 16분의 1, 32 분의 1, 64분의 1짜리 확률에 걸려버린 것이다. 어쨌든 이들은 그 게임에서 졌고 필자를 돌아보지도 못한 채 자리에서 일어났다.

그것이 필자가 마지막 본 그들의 모습이었다. 그들이 어떻게 됐는지는 모르지만 필자는 그들을 충분히 이해한다. 욕심이란 그런 것이다. 욕심은 언제나 불신을 부르고 이런 좋지 못한 것들은 마치 도깨비와 악마와 귀신과 강시와 이런 것들처럼 모두 사촌관계들이다. 하나가 생기면 나머지가 마치 도미노 게임처럼 연달아 일어나는 것이다. 인간은 그 앞에 미약할 수밖에 없다. 도박을 생각하면 과연 인간이 이 어려운 것을 이겨낼 수 있을까 하고 생각할 때에 필자는 늘 회의적이 된다. 그래서 사회에서 도박을 하지 못하게 막는 것은 당연하고 될 수 있는 한 도박은 하지 말아야 한다. 그럼에도 불구하고 필자가 이 책을 쓰는 것은 어쩌면 매우 큰 모순일 것이다.

카지노 시크릿

의심과 방황의 끝

보스턴에서 자주 오는 의사가 있었다. 그 의사는 전형적인 앵글로색슨으로 매사에 논리적인 사고와 적절한 의혹의 시선을 늘 보내곤 하는 사람이었다. 그는 게임이 잘되지 않자 어느 날부터 카지노를 의심하기 시작했다. 언젠가 그는 필자에게 이렇게 얘기했다.

"당신은 셔플머신 믿어요?"

필자는 그냥 미소만 짓고 말았다. 하지만 마음속으로는 이 사람은 당장이라도 카지노 출입을 그만두는 게 좋겠다는 생각이 들었다. 갬블에서 이길 수 있는 유일한 힘은 바로 인간의 지혜이다. 이것은 사물의 본질을 정확하게 보는 힘과 논리적이고 창조적으로 사고할 수 있는 힘이란 뜻이다. 즉, 모든 것을 세상이 되어가는 법칙과 맞춰서 생각할 수 있어야 한다. 너무 엉뚱하거나 편협한 생각은 게임에 방해가 될 뿐이다. 필자는 이 보스턴의 의사뿐만 아니라 게임이 안 되는 많은 사람으로부터 카지노를 의심하는 말을 들었는데 그런 정도의 분별심이 없이 전 재산을 싸들고 카지노와 씨름하는 것은 정말 어리석은 행위이다.

징크스를 믿는 것과 카지노를 의심하는 것은 본질적으로 같다. 왜냐하면 이것은 자신의 행위에 대한 강한 신념을 가지지 못하고 일에 대해서 떳떳함을 가지고 있지 못하기 때문이다. 즉, 자신의 진실이 없는 것이다. 일단 필자는 카지노는 믿을 만하다 또는 의심해야 한다라고 얘기하지는 않겠다. 하지만 하나 분명한 것은 카지노가 속인다면 무엇을 해도 사람은 지게 마련이다. 그런 것을 왜 하는가. 그런 의심이 조금이라도 든다면 아예 가지 말아야 한다. 인간은 배를 타기 전에 이 배가 바다에 침몰할 것이라는 강한 의심이 들 때에는 배를 타지 않아야 한다. 만약 그런 의심을 가지고 배를 타면 그 여행은 너무나 모순적인 것이다. 도박은 일견 운을 찾으려고 하는 헛된 사람들의 헛된 탐욕의 발로인 것 같지만 거기에는 인간의 한계를 극복하려는, 마치 절에 들어가 도를 닦거나 깊은 학문의 진리를 추구하는 학자처럼 좀 더 현실적인 상황에서 인간의 한계를 극복하려고 하는 순수한 진리 탐구의 측면도 있다. 그런 사람들도 카지노에는 상당수 있고 이들은 항상 자신을 되돌아보며 어째서 이기고 어째서 졌는가를 사유하고 반추한다. 거기에서 다만 마음의 수행만으로는 얻어지지 않는 행위의 컨트롤을 포함한 좀 더 완전한 의미의 인간을 추구하는 것이다. 필자가 항간에 돌아다니는 소문과 관련해서 한 마디하자면 매우 저질의 카지노에는 그런 일이 일어나고 있을지도 모른다. 하지만 대부분은 너무 과장되어 있다. 손님들이 뻔히 지켜보고 카메라가 돌아가고 있는 가운데에 딜러가 모두를 속이면서 마치 마술사처럼 카드를 좋은 걸 줬다가 나쁜 걸 줬다가 할 수 있다는 것은 사실이 아니다. 다만 과거 손님이 부주의한 틈을 타서 통 자체를 바꿔버리는 경우는 있었을 것이다. 그러나 그런 정도가 의심되는 카지노라면 아예 발길을 하지 말아야 한다. 최소한 승부를 생각하는 사람이라면 그 정도의 가장 기본적이고 근본적인 것은 본능적으로 터득하고 있어야 한다.

카지노를 의심하는 것은 무엇보다도 자신의 게임에 큰 방해가 된다는 말을 해주고 싶다. 여러분의 의심이 근거가 있다고 생각되면 그 카지노는 발길을 완전히 끊어야 한다. 그리고 게임을 하는 한은 그런 생각을 버리고 자신의 게임에 모든 집중력을 쏟아야만 한다.

패배를 못 받아들이면

황 변호사는 필자의 동생과 서울 법대 동기이자 사법고시 동기이다. 그는 오랜 판사 생활을 하면서 상당히 신중하고 성실하게 재판에 임해왔기 때문에 앞날이 유능한 법조인으로 사람들의 입에 오르내렸다. 그러나 그는 판사로서의 길을 포기하고 어느 날 변호사 개업을 했는데 그의 실력을 잘 아는 사람들이 사건을 많이 맡겨 그는 짧은 시간에 많은 돈을 벌게 되었다. 그리고 어느 우연한 기회에 그는 카지노에 가게 되었는데 거기에서 그는 바카라에 대한 강한 확신을 가지게 되었다. 사람들 사이에 일어난 분쟁을 판단하는 데 많은 시간을 보내온 그는 이 바카라라는 게임이 어떤 것인가를 본능적으로 판단했을 것이다. 그리고 그의 판단에 의하면 바카라는 틀림없이 자신이 이겨낼 수 있는 게임이었다.

그래서 그는 변호사 일보다 바카라에 더 집중하기 시작했다. 라스베이거스로 자주 갔고 한국에 강원랜드가 생기고 나서부터는 강원랜드에서 보내는 시간이 서울의 변호사 사무실에서 보내는 시간보다 자꾸 길어졌다. 보통 성공한 사람들은 자신에 대한 강한 확신을 갖고 있기 마련이다. 자신이 한 번 생각한 것을 뒤집거나 또는 상황이 나쁘다고 해서 물러서는 법이 거의 없다. 물론 황 변호사도 마찬가지였다. 그는 바카라에서 돈을 잃으면 잃을수록 그 패배를 받아들이기가 점점 어려워졌다. 고등학교 때부터 항상 수석의 길을 달려온 그는 자신이 무엇인가에 패배한다는 사실을 도저히 받아들일 수 없었고, 받아들이기 싫었다. 그래서 그는 게임을 해서 지면 그냥 카지노를 떠나오는 법이 없었다. 전화를 들어 서울의 돈이 될 만한 곳에 항상 연락을 하곤 했고 그는 송금을 받아서 게임을 계속하곤 했다. 게임이란 물론 자신의 치열한 노력으로 해야 하는 것이지만 어떻게 보면 또 비교적 잘 되는 날이 있고 또 못 되는 날도 있다. 게임을 지는 날이란 대략 안 되는 날에 속할 것이다. 이럴 때면 게임을 빨리 줄이거나 포기하고 몸을 빼야 하는 것이 기본이다. 그러나 그는 어떤 경우에도 패배를 받아들이는 것을 매우 싫어했기 때문에 게임에서 돈을 잃으면 잃을수록 분별없이 돈을 자꾸 공급해 댔다.

그의 이런 편집증적 증세는 시간이 갈수록 깊어졌고 종래는 그는 부인을 대동하고 테이블에 나타나곤 했다. 그의 부인은 미모에 교양을 겸비한 여자였지만 남편에 대한 신뢰가 워낙 확실했던 탓에 바카라라는 것이 어떻게 위대한 사람조차도 망가뜨렸는지 전혀 알지도 못한 채 남편만을 믿고 카지노에 같이 다니기 시작했다. 황 변호사는 졌을 때는 돈을 빌릴 수 있는 데라면 어디든 가리지를 않았다. 그 결과 그는 악성 사채를 많이 쓰게 되었고 종래에는 빌리고 3일 안에 10%의 이자를 갚는, 아니 이미 빌릴 때에 10%를 떼는 것이지만, 꽁짓돈을 쓰기도 해서 그의 화려했던 법조인 생활과는 너무도 어울리지 않는 신세로 차츰 전락하고 있었다. 그럼에도 불구하고 그는 자신의 판단이 틀렸다고 생각하지는 않았다. 어떻게 보면 그의 판단이 틀린 것만은 아니다. 그러나 그가 자신의 조그만 실수들을 극복하면 이길 수 있다고 생각한 것이 잘못이라면 잘못인 것이다.

바카라는 이기는 것이 완전 불가능한 것만은 아니다. 그러나 그 길이 너무나 힘들고 어렵고 이기는 사람이 되는 것은 보통 사람에게는 거의 불가능하다. 황 변호사는 줄곧 머리로 하는 판단은 맞았지만 몸과 마음으로 갈고닦고 실행해야 하는 데에서는 따라가지 못했던 것이다. 어찌됐든 그의 패배를 견디지 못하는 성격은 그를 파멸의 나락으로 떨어뜨렸다. 그는 나중에는 수많은 꿍짓돈들에게 쫓겨 서울의 법률사무실에도 나가지를 못하고 또 카지노에서 맘 놓고 게임을 하지도 못했다. 몰리고 몰리게 되자 그가 한국에 설 곳은 없었다. 그는 아무것도 모르는 오직 남편의 판단만을 최대한 존중하고 남편을 철석같이 믿는 아내를 데리고 미국으로 갔다. 일설에는 그가 미국에서 자살했다고 하는데 자세한 내막은 알지 못한다. 도박에서 이기는 것 못지않게 중요한 것은 지는 것이다. 우리가 전문가라고 하면 그는 무엇을 잘 하는 사람인데 그가 무언가는 잘 하게 되기까지는 엄청나게 많은 실패와 패배를 겪었다는 사실을 알아야 한다.

바둑이 9단이 되려면 보통 사람보다 수없이 많이 져봤을 것이다. 지면서 배우는 것이다. 그러기 때문에 지는 것은 이기는 것 못지않게 중요하다. 그리고 갬블을 하는 사람은 질 때에 매우 잘해야 한다. 그때에 잘 해두면 다음에 이기는 찬스가 찾아오고 질 때에 잘하지 못하고 모든 것을 깨버리면 이기는 기간은 영영 오지 않는다. 인생도 이와 마찬가지일 것이다. 인생이란 늘 실패하는 것이다. 많은 사람들은 성공을 꿈꾸지만 꿈은 깨지게 마련이고 계획은 실패하기 마련이다. 나이가 든다는 것은 꿈이 깨지는 것을 하나하나 겪어 나가는 것이다.

사업 역시 마찬가지이다. 현대나 대우와 같은 엄청난 자본과 엄청난 인맥을 가지고 또 엄청난 인재들을 데리고 있으면서도 사업을 실패한다. 실패라는 것은 마치 달이 차고 기울듯이 봄이 오고 겨울이 오듯이 너무나 자연스럽게 순환하는 것이다. 실패와 성공 사이에는 사실 큰 차이란 없다. 그렇기 때문에 성공 못지않게 중요한 실패에 대한 철학을 가지고 가치관을 가져야만 사업이 실패하더라도 인생이 다 헝클어지는 잘못을 범하지 않는다. 그러나 어떤 사람들은 조그만 실패를 견디지 못한다. 성공했을 때에는 주변관계도 아름답고 잘 형성하지만 실패했을 때는 그것을 깨버리는 사람이 태반이다.

그러나 실패했을 때 잘 가다듬어야 한다. 그것이 바로 성공을 부르는 씨앗이기 때문이다. 황 변호사가 실패했을 때에 조용히 침잠하면서 자신의 문제점을 사색하고 반성하는 과정을 계속 지켰더라면 총명한 그가 이렇듯 비참한 결말을 맞았으리라고는 생각되지 않는다. 자신의 성공, 그것이 사실은 매우 보잘것없는 것이라고 생각하는 것이 필요하다. 그와 마찬가지로 자신의 실패 역사 성공과 마찬가지로 삶의 한 단면, 즉 성공의 맞은편에서 성공과 똑같은 조건으로 존재하는 것이라고 봐야 한다. 성공했다고 교만할 것이 없고 실패했다고 자멸할 필요가 없는 것이다. 패배를 받아들여라. 끊임없이 받아들여야 한다. 반성하고 내면을 바꾸어 나가려는 노력, 이런 것이 우리가 역사를 발전시켜 나가는 방법이고 우리 인간의 한계를 넓혀가는 방법인 동시에 인류에 이바지하는 길이다. 자신은 아무리 성공했다 하더라도 사실 아무것도 아니다.

130억 년이라는 긴 우주의 역사 속에 46억 년이라는 지구의 역 사속에 단지 몇십 년 살다 갈 뿐인데 그 조그만 성공이 무엇이 그렇게 대수로운가. 또 자신의 성공을 존경하고 칭송하는 사람들 또한 도대체 무엇이란 말인가. 기어가는 개미와 전혀 다름이 없는 그냥 그런 존재들이 아닌가. 그러니 조그만 성공과 실패에 일희일비하는 사람의 깊이는 별로 믿어줄 수가 없다. 어쨌든 실패를 받아들이는 것이야말로 성공에 이르는 첩경이라는 것을 독자들이 알아주었으면 한다.

secret 5
가진 돈에 따른 안전한 게임방식

필자는 카지노 갬블에 있어 생길 수 있는 모든 가능성을 염두에 두고 심혈을 기울여 이 공식을 정리했다.

인간의 심리를 깊이 통찰해 만든 것이므로 가급적 이 공식을 그대로 따르기 바란다.

이 공식을 변형하는 것은 알 수도 없는 사이에 알 수 없는 이유로 위험해진다.

카지노 시크릿

100만원을 가진 경우

이 경우의 목표액은 30만원이 적당하며 게임은 최저 베팅액이 1만원 이하의 테이블에서 이루어져야 한다.

자리가 없다 하더라도 기다리거나 해서 반드시 최저 베팅액이 1만원 이하인 테이블에서 게임을 해야지 2만원인 테이블에서 해서는 안 된다.

우선 목표액 30만원을 셋으로 쪼개 각각의 목표액을 10만원으로 한다. 즉, 첫 게임은 100만원을 가지고 10만원을 이기는 게임이다.

10만원이 목표인 사람이 처음부터 한 번에 5만원이나 10만원을 베팅한다면 이길 수 있는 확률은 70% 정도밖에 안 된다.

30만원을 이기려면 이런 식으로 두 번을 더 해야 하므로 전체 게임을 이길 확률은 0.7 곱하기 0.7 곱하기 0.7인 약 29%가 되는 것이다.

수학적으로는 이 정도지만 실제로는 인간의 심리라는 것이 작용해서 이 정도도 되지 않는다. 그러므로 10만원이 목표인 사람은 죽을힘을 다해 10만원을 이긴다고 생각하거나 이것이 맨 마지막 게임이라는 생각을 가지고 안전하고도 조심스럽게 접근해야 한다.

사실 100만원을 가진 사람이 첫 벳에 1만원을 하는 것도 위험하기 때문에 매 판 벳을 하지 말고 확실한 감이 오거나 모든 사람의 감이 일치할 경우에 한해 1만원씩 벳을 한다.

4만원을 이길 때까지는 가급적 1만원 벳을 계속하면서 그림을 많이 맞혀 이기는 게임을 한다.

4만원이 이겨지면 이제까지처럼 게임을 계속하거나 한 번에 4만원을 다 베팅해도 좋다.

이 4만원 베팅이 이겨지면 베팅은 다시 1만원으로 돌아와야 한다. 이때가 30만원을 따는 전 게임 중 가장 위험하기 때문에 반드시 1만원 베팅으로 돌아와야 한다.

이렇게 잔잔한 베팅으로 마무리를 하며 10만원을 만든다.

이 4만원 베팅이 지면 다시 처음과 똑같이 시작하는데 당신은 아직 본전에서 1원도 잃지 않았기 때문에 조급할 것이 없으니 여유롭게 하라.

일단 10만원을 이긴 다음에는 아무리 그림이 좋다 하더라도 게임을 접고 카지노 바깥으로 나가 맑은 공기를 쐬며 자신의 플레이에서 반성할 점이 없었는지를 반추하며 부풀어 오른 가슴을 가라앉힌다.

다시 카지노 안으로 들어가면 처음과 같이 10만원 게임을 시작한다. 테이블 앞에 110만원을 놓고 1만원씩 베팅하면서 4만원을 칠 수 있는 기회를 만들고 4만원을 쳤다 지면 다시 1만원 벳으로 돌아온다.

당신은 여전히 본전인 100만원을 지키고 있는데다 10만원까지 따고 있기 때문에 조급할 필요도 흥분할 필요도 없다.

확신이 안 가는 그림은 여유 있게 쉬어가면서 시간과 싸우는 것이다. 그러나 이때 사람들의 주의를 끌 만한 조크를 하거나 사람들의 중심에 서면 안 된다.

숨을 죽이고 스파이처럼 조용히 있는 듯 없는 듯 있어야 한다.

200만원을 가진 경우

　이 경우의 목표액은 50만원이 적당하며 2만원 이하의 테이블에서만 게임을 해야 한다. 목표액은 15만원, 17만원, 18만원의 셋으로 쪼개는데 시작 부근의 벳은 주로 1만원으로 하되 흐름이 좋으면 간혹 2만원 벳을 하기도 한다.

　4만원이 되면 엎어도 되고 엎어서 이겼을 경우 한 번 더 엎어도 좋다. 이 벳이 맞으면 당신은 목표액 15만원을 이루었으므로 자리에서 일어나야 한다.

　그러나 구태여 엎을 필요가 뭐 있겠는가? 당신이 지금 8만원을 이긴 똑같은 방법으로 7만원을 더 이기면 목표를 이루는데, 하여간 이 4만원 벳이나 8만원 벳이 실패하면 다시 1만원이나 2만원 벳으로 내려온다.

　이런 과정은 아무리 오래 반복해도 본전을 잃고 있지 않기 때문에 초조해지지도 불안해지지도 않는다.

옆의 사람들이 같은 그림에 큰 벳으로 많은 돈을 따고 있다 하더라도 부러워하거나 지탄하지 말고 그들의 플레이는 근원적으로 틀린 것이라 생각하고 마음을 안정시켜라.

당신도 늘 그들과 같은 식으로 게임을 했고 한때는 그들의 몇 배나 되는 돈을 이긴 적이 있었지만 결국은 그런 게임 방식 때문에 지금 이 처지가 되어 있고 따라서 그들도 가까운 시일 안에 다 잃고 말 것이라는 점을 인식하라.

무엇보다도 태평양 건너 빌 게이츠가 돈을 번다고 가슴 아파 할 필요가 없는 것처럼 내 일이 아니면 남이 무엇을 하든 보지도 듣지도 생각하지도 말라.

오직 목표를 어떻게 채우느냐만 집중하고 또 집중하라.

목표 15만원을 이루었으면 입을 꾹 다물고 주변의 누가 무엇을 묻더라도 일체 대답하지 말며 카지노 바깥으로 나가야 한다.

맑은 공기를 마시며 긴장을 풀고 어느 정도 달아오른 가슴을 내려 앉히고 자신의 게임에서 반성할 점을 찾다 보면 뿌듯함과 함께 한결 성숙한 자신을 느낄 수 있을 것이다.

이처럼 도박은 수도사와 같이 늘 자신을 돌아보며 겸허하고 섬세한 마음으로 해야 한다.

웃고 떠들며 농담하고 자신을 내세우려 한다면 이길 수 없다.

다시 들어왔을 때 자리가 없다면 부근의 테이블을 돌아다니며 사람이 많이 모여 있고 흐름이 좋은 곳을 골라 처음 15만원을 이길 때와 똑같이 하라.

하나 다른 점이 있다면 이번에는 17만원을 이겼을 때 게임을 그만두는 것이다.

이런 식으로 몇 번 하다 보면 자신은 이제는 잘 잃지 않는다는 자신감이 차오른다. 하나 명심할 것은 이토록 게임이 안전하게 된 이유는 목표액을 나누어 잡은 것과 큰 벳이 실패했을 때 다시 작은 벳으로 돌아올 수 있었던 복원력에 있다.

과거의 당신은 4만원 벳이 실패했을 때 곧장 8만원이나 10만원 벳으로 올렸을지도 모른다. 하지만 이제 당신은 달라진 것이다.

이 1번과 2번의 게임에서 매우 조심스럽게 했음에도 불구하고 처음부터 아무것도 맞히지 못한 채 10만원까지 잃는 경우도 있다.

그렇다면 당신은 매우 나쁜 그림 앞에 앉아 있으므로 자리에서 일어나 다른 테이블로 가거나 바람을 쐬고 기분을 바꿔 완전히 처음 온 기분으로 앉아 게임을 시작한다.

이때 당신은 본전이 90만원이라고 생각해야 한다. 이것이 가장 중요한 점이다. 또다시 10만원을 잃으면 이번에는 본전이 80만원이라고 생각하고 같은 방법으로 시작한다.

게임이 풀려 100만원이 회복되면 그제야 비로소 처음 카지노에 왔다고 생각하고 목표를 향해 나아가라.

17만원이 이겨지면 다시 쉬었다가 같은 방식으로 시작한다. 50만원의 목표액이 다 이루어지면 당신은 마치 돈을 다 잃은 것 같은 무거운 표정으로 자리에서 일어나 환전을 하고 카지노를 떠나는 것이다.

이때 오늘은 게임이 잘되는 날이니 승부를 한 번 봐야지 하는 생각을 하면 당신은 영원한 패자에서 벗어날 수 없다.

그 이긴 기분을 유지한 채 카지노를 떠나야 다음 게임의 승리가 기다리고 있다. 지고 이기는 것은 쉽게 습관이 된다.

300만원을 가진 경우

　목표는 80만원으로 잡고 15, 22, 25, 18의 넷으로 나눈다. 2만원 이하의 테이블에서 해야 하며 5만원 이하의 테이블에서 게임을 해서는 절대 안 된다.

　어떤 독자는 5만원 이하의 테이블에 가더라도 나만 2만원 이하의 벳을 유지하면 되지 않나 반문하겠지만 테이블에는 흐름이라는 게 있고 인간의 심리는 이 흐름에 약하기 때문에 자신 의 의사와 상관없이 분위기에 휩쓸려 벳을 하는 경우가 있다.

　옆에서 30만원, 50만원씩 때려대는데 혼자 1만원, 2만원씩 벳을 하고 있으면 여러분이 생각도 못하는 함정들이 여러분의 결의를 다 망가뜨려버리고 분노조차 일으키게 한다.

　아직은 여러분이 이런 걸 견딜 정도로 강하지 못하기 때문에 피해야 한다.

첫 15만원은 2번 게임의 15만원 이기는 게임에 준한다.

다음 게임의 22만원 목표를 달성할 때에는 15만원 이기는 게임을 한 번 더 한다. 이 15를 이기고 나면 다음의 7만원은 가급적 1만이나 2만 벳으로 마무리를 한다.

이 7만을 한 번에 쳐 이기려는 유혹이 들기 마련이다. 그 전에는 8만 벳도 했기 때문에 7만은 더 안전하지 않은가 생각하겠지만 사실 이때가 또 위험한 때이다.

이 7만을 지면 비록 처음 게임의 15만과 현재 8만이 남아 있다 하더라도 게임이 급해지기 십상이다.

바카라는 처음부터 돈을 잃는 사람은 거의 없다. 모두 어느 정도 이겼다 지게 되어 있기 때문에 이 정도 이겼을 때가 가장 위험하고 따라서 이 부근에서 중심을 잡는 습관이 아주 중요하다.

여하간 이 7만은 1만이나 2만으로 잘게 나누어 마무리해야 한다.

다음의 25만은 또 한 번 15만과 10만으로 나눈다. 15만은 이전의 것과 같은 방식으로 한다. 그 다음 10만은 4만 벳을 섞은 잔 마무리로 끝낸다.

벳의 액수가 얼마가 되었든 좋은 흐름에서는 손이 나가고 나쁜 흐름에서는 지켜보아야지 매 판 성급하게 손이 나가서는 안 된다.

이때쯤 옆자리의 누군가가 "사람들이 다 잃는데 혼자 따고 있군요"라는 말을 붙여오거나 본인 스스로가 그런 점을 의식하게 될 지도 모른다. 물론 앞에서 얘기했듯이 게임에서 칭찬은 독이므로 마음의 문을 닫아야 한다.

만약 자신 스스로가 으쓱한 마음이 든다면 눈을 감고 자신이 얼마나 보잘것없는 존재인가를 떠올리며 또 그간 얼마나 비참하게 패배했던가를 떠올리며 마음을 가라앉힌다.

마지막 18만은 15만과 3만으로 나누고 목표한 총액 80만이 달성되면 카지노를 떠난다. 옆자리 사람들이 같은 300으로 시 작해 2000을 이겼다 하더라도 스스로를 경멸하지 말아야 한 다. 아니 오히려 스스로에게 존경을 보여야 할 것이다.

그들의 플레이는 당신이 늘 하던 그대로의 플레이라 재수가 좋으면 이기고 나쁘면 지는 것이지만, 당신은 지금 항상 이기 는 방식으로 성공했고 자신을 항상 이기는 사람으로

카지노 시크릿

만들어가고 있는 것이다.

당신의 80만원은 단단하지만 그들의 2000만원은 바람 앞
의 촛불과 같다.

400만원을 가진 경우

　게임은 한마디로 어렵게 이기려고 애써야 한다.

　목표는 100이고 20, 20, 30, 30으로 나눈다. 아직 최저 베팅액이 5만원인 테이블에 앉아서는 안 된다.

　첫 번째와 두 번째의 20만은 3번 게임의 15만 이기는 법을 따르고, 이겼을 경우 나머지 5만은 역시 1만과 2만의 벳으로 잘게 마무리한다.

　이 2-2-3-3법은 100만이나 1000만이나 1억 등 단위를 넘길 때의 근본이 되는 고전적 방법이므로 몸에 체득하도록 한다.

　세 번째와 네 번째의 30만 역시 3번 게임의 15만 이기는 법을 두 번 반복하면 된다.

　지금까지의 공식을 몸에 익힌 사람은 한 가지 의문이 생길 것이다. 게임의 방식도 안전하고 목표액도 많지 않아 승률이 높은데 80이나 100을 이기는데 왜 구태여 300이니 400이니 하는 금액이 필요한가?

최저 베팅 5만 테이블에도 앉지 않을 거면 불과 20이나 30으로도 충분하지 않은가 하는 생각이 당연히 생긴다.

간단하게 답하자면 그런 게임은 뿌리가 없기 때문에 옳지가 않다는 것이다. 앞 장 〈에피소드에서 보는 교훈〉에서 미스터 남의 경우를 참고하기 바란다.

또 아무리 이런 게임 법이 안전하다 하더라도 어떤 프로가 와도 질 수밖에 없는 그림도 있다. 따라서 실패했을 때 몇 번이고 반복할 수 있는 예비 실탄이 필요하고 이 예비 실탄이 있어야지만 심리적으로 흔들리지 않는다. 요는 게임에서는 심리적 안정감이 무엇보다도 중요하기 때문에 필자는 가급적 여러분이 격식을 갖추고 자리에 앉기 바란다.

맹자가 얘기했듯이 예절은 배가 부르고 등이 따스해야 찾게 되는 것인데 필자가 제공하는 이런 공식은 마치 예절이나 습관과 같다. 몸에 배게 하려면 어느 정도 실탄을 갖추고 게임을 하는 게 중요하다.

뿌리가 중요하기 때문이다.

500만원을 가진 경우

목표는 130으로 잡고 게임은 20-20-30-30법으로 100을 이긴 후 30을 한 번 더 이긴다. 아직 최저 벳이 5만인 테이블에 앉으면 안 된다.

500만원이라는 금액은 고개를 들고 싶은 정도의 금액이기 때문에 위험하다. 또한 어느 정도 되는 금액이기 때문에 무지렁뱅이처럼 1만, 2만이나 베팅하고 있는 게 참 쪼잔하다는 느낌도 들게 하는 금액이다.

하지만 이런 경우가 위험하다는 건 이 책을 진지하게 읽어온 독자라면 잘 알 것이다. 바카라는 헬리콥터의 날개 같은 게 공중에서 돌고 있다 고개를 들면 일거에 목을 쳐버리는 그런 것이다. 인간은 여러 이유로 목을 들고 싶어지는데 자신이 가진 금액에 의해서도 목을 들고 싶어진다.

한국의 숫자 문화가 그래서인지 400까지는 자신을 낮추게 되기 싶지만 500을 가진 순간 왠지 고개를 들고 싶은 기분이 생긴다. 그래서 500에서는 400을 가졌을 때보다 더욱 겸허해지고 마음을 추슬러야 한다. 500만원. 1,000만원에 가깝기도 하고 100만원에 가깝기도 한 참 알쏭달쏭한 금액이다. 모호할 때는 자중하는 게 처세의 비결일 것이다.

100을 가지고 게임하는 경우에서부터 익혀온 안전한 베팅을 계속 유지하게 하는 힘은 승부를 두려워하는 마음이다.

승부를 아는 자만이 그 두려움 또한 알기 때문에 비록 여러분이 요즘 잘 지지 않는다 하더라도 끊임없이 두려워하고 또 두려워해야 한다.

이 두려움을 지키는 것이 우리는 아마 초심을 지키는 거라 할 수 있을 것이다. 도박이든 인생이든 초심을 잃지 않는 것이 중요한 소치는 바로 여기에 있다.

400만원을 가진 경우에서부터 등장한 2-2-3-3법은 매우 중요하기 때문에 헛되이 목표액을 올리는 데 신경 쓰지 말고 이 법을 완전히 자신의 것으로 익히기 바란다.

2-2-3-3.

여러분의 파멸을 막는 든든한 축이다. 익히고 또 익혀야 한다.

600만원을 가진 경우

목표는 150만원으로 잡고 20-20-30-30-20-30의 여섯으로 쪼갠다. 지금부터는 최저 베팅액이 5만원인 테이블에 앉아도 좋지만 여전히 1만원이나 2만원 벳을 주로 한다.

본전이 무엇인가에 대해 생각해보자.

본전이란 자신이 카지노에 들어올 때 가지고 들어온 돈이다. 이것은 시간이 지남에 따라 어느만큼 늘어나기도 하고 줄어들기도 한다.

본전이 반으로 줄어들었을 때 사람들은 그 반만 남은 돈을 본전으로 받아들이지는 않는다. 마찬가지로 한때 많이 오른 금액 역시 본전이 아니다.

하지만 어떤 사람들은 게임 중 가장 많이 올랐을 때의 액수를 본전으로 생각한다. 그런데 이것은 아주 나쁘다.

이런 사람들은 가장 많이 이긴 상태에서 돈이 조금이라

도 빠지면 게임을 지고 있다는 압박에 시달린다.

따라서 게임이 급해지고 벳이 세지며 자멸하기 일쑤이다.

흔히 사람들은 무심코 얼마까지 올랐다 다 죽었다고 말하는데 이것은 의식 속에서 본전을 한껏 높게 잡았다는 얘기이다.

본전은 카지노에 처음 들어올 때 가지고 들어온 돈이다. 올랐을 때도 내려갔을 때도 본전이 아닌 것이다.

본전의 개념을 명확히 해야만 게임이 흔들리지 않는다.

700만원을 가진 경우

목표를 170만원으로 잡고 20-20-30-30-20-20-30으로 쪼갠다.

최저 베팅액이 5만원인 테이블은 괜찮지만 10만원인 테이블에는 앉으면 안 된다.

지금까지 여러분은 목표액을 20-20-30-30법으로 쪼개고 각각의 소목표는 15만원을 이기는 작은 목표들을 주축으로 해 달성해왔다.

다시 한 번 강조하지만 여러분은 각각의 소목표가 전부라는 생각으로 게임을 해야 하며 최악의 그림을 만나 게임이 자꾸 질 때에도 목표를 달성한 순서의 역순으로 잃어야 한다.

이게 잘 되지 않는 사람은 다시 각 게임의 이치를 음미하며 쓸데없는 탐욕에 휘둘려 마구 벳을 휘두르는 광기를 잠재워야 한다.

카지노 시크릿

어떤 사람은 잃었을 때 초조해지고 벳이 세지는데 어떤 사람은 빨리 이기지 못했다고 화를 내고 무모한 벳을 휘두르기도 한다.

이런 성격을 가진 사람은 아직 도박을 하나도 이해하지 못 하는 사람으로 지뢰밭에서 달리지 못함을 탓하는 것과 같다.

800만원을 가진 경우

목표액을 230으로 정하고 20-20-30-30으로 100을 이기는 게임을 두 번 한다. 그리고 나머지 30을 처리하는데 이때 그림이 좋으면 한 번 벳으로 30을 이기려고 하기 쉽다.

그러나 이 30도 지금까지 해오던 대로 어렵게 이겨야 한다.

카지노 시크릿

900만원을 가진 경우

목표액을 270으로 정하고 20-20-30-30으로 10을 이기는 게임을 두 번 한 후 20-20-30 임으로 나머지 70을 채운다.

아직 최저 베팅 금액이 10만원인 테이블에 앉으면 안 된다.

1,000만원을 가진 경우

목표액을 300으로 정하고 20-20-30-30 게임을 세 번 한다. 아직 최저 베팅액이 10만원인 테이블에 앉으면 안 된다. 목표액이 20만-20만-30만-30만으로 나누어진 게임은 최저 베팅액이 10만원인 테이블과는 아예 맞지가 않는다.

여러분은 1,000만원을 가지고도 최저 베팅액이 10만원인 테이블에 앉지도 못하느냐고 볼멘소리를 할지 모르지만 항상 이기는 게임을 체질화하기 위해서는 그래야만 한다.

1,000만원을 가지고 최저 베팅액이 10만원인 테이블에서 게임을 할 경우 첫 200만원을 잃으면 그 잃은 200만원을 되찾아올 수 있는 확률과 나머지 800만원을 다 잃을 확률은 10% 대 90%가 아니라 50% 대 50%이다.

이것은 풀 벳을 하는 경우와 비슷한데 1,000만원을 가지고 최고 베팅액이 100만원인 테이블에 앉을 경우 첫 풀 벳

100만원을 잃으면 그 100만원을 찾아올 확률과 나머지 900만원을 다 잃을 확률은 거의 반반쯤 된다.

그 다음 카드가 잘 나오면 찾아오지만 카드가 못 나오면 어떤 테크닉을 써볼 사이도 없이 잃고 마는 것이다.

따라서 어떤 경우에든 풀 벳은 아끼고 아껴야 하며, 한 번 풀 벳으로 커진 게임은 다시 끌어내리기가 매우 어렵기 때문에 일단 게임을 접어야 한다.

그러므로 풀 벳은 원칙적으로 해서는 안 되는 것이지만 간혹 한 번 풀 벳으로 이제껏 잃은 금액을 모조리 찾아올 수 있을 경우에 한 번 하고는 이기든 지든 일어나는 것이다.

1,200만원을 가진 경우

목표를 350만원으로 하고 20-20-30-30 게임을 세 번 하고 20-30 게임으로 마무리를 짓는다.

1500만원을 가진 경우

목표를 45만원으로 하고 이제까지와 같이 최저 베팅액이 5만원인 테이블에서 20-20-30-30 게임을 네 번 하고 20-30 으로 마무리를 짓는 게임을 하는 것을 원칙적으로 권한다.

하지만 본인이 이 책을 여러 번에 걸쳐 읽고 필자가 말하는 원리를 거의 깨우쳤다면 최저 베팅액이 10만원인 테이블에 앉아도 된다.

게임은 100만원-100만원-100만원-150만원으로 쪼개고 10만원과 20만원 벳으로 40만원을 만든다.

역시 같은 방법으로 40만원을 한 번 더 만든 다음 20만원을 안전하게 마무리 짓는 방법도 있고 40만원에서 엎는 것도 좋다. 엎어서 이기면 다시 안전하게 작은 벳으로 시간과 싸워 20만원을 마무리 짓는다.

물론 이 경우도 언제나 본전을 지키며 본전 무렵에는 섬세한 베팅을 하고 마음먹고 큰 베팅을 했을 때 지면 다시 최저 베팅으로 돌아가야 한다.

최저 베팅을 계속했음에도 자꾸 잃어 본전이 빠진다면 40 이상 80까지의 벳으로 찾아오는 것도 좋지만 이런 벳들이 실패했을 경우에도 잃은 총액이 300이 넘지 않도록 하고 게임을 그만두든지 2시간 이상 쉬어야 한다.

본전에서 300이 빠진 1,200으로 게임을 할 때에는 먼저 목표를 300으로 해 본전을 찾는 것을 목표로 하고 100-100-100으로 나눈다.

본전을 찾았을 때는 일단 게임을 접고 충분히 쉰 다음 처음 카지노에 도착했다는 마음으로 다시 게임을 시작하는 것이 좋겠다.

1,200으로 게임을 했음에도 불구하고 다시 300이 빠진다면 900을 가지고 집으로 돌아가 훗날을 기약하는 것이 옳다. 물론 이런 일은 없어야 하겠지만 충분히 생길 수 있는 일이므로 카지노에 들어서기 전 이 경우의 대비도 충분히 마음에 그려 두면 몸을 빼기 쉽다.

카지노 시크릿

게임을 이렇게 쪼갰음에도 계속 진다는 건 패가 극도로 나빴거나 본인이 게임을 해낼 내면의 힘을 잃고 있다는 얘기이므로 더 이상 같은 게임 방식으로 하지 않는 게 좋다.

그냥 집으로 돌아갈 상황이 전혀 안 된다면 이런 경우 큰 테이블로 자리를 옮겨 충분히 지켜보다 나머지 900을 한 번에 베팅하거나 500을 베팅해 본전 가깝게 찾으면 다시 원래의 게임을 추구하는 등의 방식을 택할 수도 있다.

물론 누누이 말하지만 이런 벳은 한 번에 그쳐야 한다.

100이나 200 정도의 벳을 계속하는 어중간한 게임은 상황을 되돌릴 수 있는 확률이 가장 낮다.

최저 베팅액이 조금만 달라도 게임은 너무나 큰 차이가 난다.

2,000만원을 가진 경우

목표를 600만원으로 정하고 1번에서 7번의 게임 방법으로 해도 좋고 10만원 테이블에 앉아 200씩 세 번 이겨도 좋다.

이럴 경우 10이나 20 베팅을 주로 해 40을 만드는 게임을 여러 번 하거나 40에서 엎어 80으로, 다시 한 번 더 엎어 160을 만든 후 나머지 40을 작은 벳으로 마무리해도 좋다.

요는 2,000으로 200을 이긴다는 집중력이 중요한데 특히 첫 200을 이기는 게 아주 중요하다.

첫 200을 이겼을 경우 그건 목표의 3분의 1을 달성한 게 아니라 거의 70% 이상 달성한 것과 같다.

최저 베팅액이 30만원 이상인 테이블에 앉을 수 없다.

무슨 게임이든 첫 목표를 이기는 게 중요한데 가령 2,000만원으로 1억을 이기는 게임을 계획하고 1,000만원을 열 번

이긴다고 하면(실제로는 가급적 이런 식으로 목표를 세우면 안 됨)
첫 두 번 이기는 게 나머지 8번 이기는 것보다 어렵다는 것
을 알아야 한다.

도박은 단순한 수학이 아니라 매우 복잡한 심리가 들어
가 있기 때문에 종종 이상한 계산법이 나오곤 한다.

5,000만원을 가진 경우

목표를 1,600만원으로 하고 200-200-300-300으로 1,000만원을 이긴 후 200-200-200으로 나머지 600만원을 이긴다.

최저 베팅액이 50만원인 테이블에 앉을 수는 있으나 권하고 싶지는 않다.

1억을 가진 경우

목표를 3,400만원으로 하고 200-200-300-300을 세 번 해 3,000만원을 이긴 다음 200-200으로 나머지 400만원을 마무리한다.

최저 베팅액이 100만원인 테이블에 앉을 수 없다.

비록 1억이 넘는 돈을 가지고 테이블에 앉았다 하더라도 돈의 위력을 믿으면 오히려 더 위험하므로 항상 1번~14번까지의 게임의 원칙을 계속 습득하고 습득하며 총론을 암기할 정도로 외어 급증하는 유혹과 현혹으로부터 자신의 보호해야 한다.

항상 1,000만원을 200-200-300-300으로 쪼개 나가고 1~5번 게임 법을 숙지한다면 가진 돈이 있으므로 목표액 자체는 그리 무겁지 않다.

이 패턴은 목표액을 쉽게 이기게 하는 외에도 사람의 영혼이 돈의 액수에 휘둘려 정신을 못 차리게 되는 것을 막아

준다.

1억이 되었든 얼마가 되었든 목표는 200이거나 300일 뿐이라고 생각하고 게임을 끊고 각각의 목표를 이룬 후에는 반드시 게임 간 간격을 두어야 한다.

2억을 가진 경우

　목표를 6,600만원으로 하고 200-200-300-300 여섯 번을
해 6,000을 이긴 다음 200-200-200으로 나머지를 마무리
한다.

　더욱 철저하게 1~5번의 게임 법을 따른다.

에필로그

♣

시간을 낭비한 죄

라스베이거스의 엠지엠 카지노에 가면 알토로라는 사람이 있다. 이 사람은 하루도 빼지 않고 나와서 바카라를 한다. 필자는 수없이 많은 사람을 봐왔지만 사실 알토로는 존경할 만한 점이 없지 않다. 그는 도대체 사람 같지가 않은 것이다. 항상 사람들의 방해를 받지 않는 테이블 한쪽 끝에 앉아 파이프를 물고는 끊임없이 기다린다. 그가 무엇을 기다리는지 정확히 아는 사람은 없다. 하지만 그는 기다리고 또 기다린다. 물론 자신이 베팅할 때를 기다리는 거지만 언제 베팅을 하는지 무엇을 자신의 기회로 삼는지 알 수가 없다. 어쨌든 그는 아주 오래 기다림 끝에 한 번씩 베팅을 하곤 한다. 물론 자기가 생각하는 찬스라고 생각했을 때에는 여러 번 베팅을 하기도 한다. 그러나 그의 베팅은 거의 언제나 액수가 동일하다. 혹 두 배로 씌워서 하는 경우가 있는데 어떤 경우든 벳을 해서 맞지 않으면 그는 쉰다. 참 오래 쉰다. 보통 사람이라면 이기고 지고에 따라서 아무리 수양이 깊은 사람이라도 약간의 희비의 갈림이 있기 마련인데 이 사람은 마치 기계처럼 전혀 영향을 받지 않고 오랫동안 쉬고 쉬었다가 다시 한 번 베팅을 한다. 그런데 이 사람이 베팅을 하는 것은 항상 최저액이다. 미니멈 벳을 하는 것이다. 그러나 다섯 시간, 여섯 시간 혹은 열 시간을 앉아 있어도 이 사람은 전체 벳을 하는 게 다섯 번 여섯 번도 안 될 때도 꽤 있다. 어쨌거나 이 사람은 신중한 게임을 하는 것이다. 너무나 신중해서 도대체 사람은 따라 갈 수 없는 마치 기계와도 같은 게임을 하는 것이다. 기계와 다른 점이 있다면 미리 입력해 둔 프로그램에 따라 하는 것이 아니라 그때그때 자신의 뇌로 상황을 판단하는 것만 다를 뿐이다. 다른 무엇에도 영향을 받지 않고 흔들리지 않는다는 점에서 그것은 마치 기계와도 같은 것이다.

하여튼 이 사람은 아침에 와서 밤에 가는데 게임이 끝나면 호텔로 돌아간다. 그는 라스베이거스에 저렴한 방 하나를 잡아 놓고 있는데 카지노에서 게임을 하지 않을 때는, 즉 밤에는 그 방에 돌아가서 TV를 보다 잔다고 한다. 그는 카지노를 마치 직장처럼 규칙적으로 출근하고 퇴근하는 것이다. 그는 가족도 있고 고향인 멕시코시티에서는 상당히 잘 사는 편이다 그는 한때 지휘자를 꿈꾸기도 했고 젊을 때 공인회계사로 일을 열심히 했다는 것을 나는 알고 있다. 그는 아주 어려서부터 바카라를 하기 시작했는데 그것은당시 페소화의 가치가 불안하던 멕시코에서 달러로 돈세탁을 하기 위해서 라스베이거스에 와서 한 사람은 뱅커에만 한 사람은 플레이어에만 계속 가서 페소화를 달러로 바꾸는 그런 일을 오래 했던 것이다.

어찌됐든 그는 바카라를 한 것이 근 40년 경력에 이르는데 상당히 부유한 사람임에도 불구하고 벳은 언제나 미니멈 벳이다. 그것도 한 시간에 한 번을 채 할 때도 있고 안 할 때도 있으니까 그의 게임 규모가 얼마나 작은지는 상상할 수 있을 것이다. 그런데 그의 가족은 이사람 알토로가 벌어오는 돈으로 생활을 한다. 그는 열흘 혹은 한 달씩 고향인 멕시코시티에 돌아가서 오지 않는 경우가 있는데 이것은 매일매일 카지노에서 이긴 돈을 가지고 가서 가족들에게 전해주기 때문이다. 어쨌든 그는 보통 사람은 거의 할 수 없는 그런 지루한 게임을 해서 잃는 경우가 잘 없다. 또한 그렇게 조심스러운 베팅을 하면서 목표도 굉장히 낮게 잡고 있기 때문에 그의 성공률은 더더욱 높은 것이다. 그를 아는 사람들은 그를 바카라의 교황이라고 부른다. 하지만 필자는 그렇게 후한 점수를 주고 싶지는 않다.

물론 그가 하는 게임 방식은 필자가 하는 게임 방식과 비슷하고 심지어 어떤 면에서는 똑같다고 할 수 있다. 그렇게 본다면 그는 바카라를 완벽하게 이해하고 있는 사람이기도 하다. 하지만 그는 도박꾼이기에 앞서 매우 중요한 '사람'이라는 것이다. 필자는 그와 더불어 인류의 역사와 문화와 또 인간으로 서의 가치관 등 여러 방면에 걸친 다양한 대화를 나눠본 적이 있다. 그는 여러 분야에 해박한 지식과 깊이를 가지고 있었다.

그런 그이기에 가장 안전한 바카라의 길을 찾아내 마치 초인처럼 실행하고 있는 것이다. 하지만 그에게는 다른 인생이 없다. 바카라에 이기기 위해서 자신을 기계로 바꾸어버린 것이다. 기계로서의 삶은 있지만 사람의 인생이 없는 것이다. 그는 바카라의 영원한 승자가 되는 길은 안전과 조심 밖에는 없다고 판단하고 그런 게임 방법을 취하고 있을 것이다. 또한 그는 그렇게 함으로써 바카라에서 이길 수 있고 카지노에서 이긴 돈으로 살아갈 수 있다는 것을 증명해 보이고 있다. 하지만 영원한 승자에게 허용되는 베팅은 알토로가 하고 있는 그 정도일 것이다. 그래서 바카라의 진정한 승자는 지지 않는 사람이 아니다. 즉, 불패자라고 해서 반드시 승자가 아닌 것이다. 때로는 지는 것도 필요하다. 더욱 강한 어떤 정열이 있거나 그 어떤 승리보다도 시간이 중요하다고 생각될 때에는 패배를 택할 줄도 알아야 한다. 인간이 여러 가지 범죄 중에서도 가장 용서할 수 없는 범죄는 시간을 낭비하는 죄이기 때문이다. 알토로는 승리하는 방법을 알아냈고 그것을 오랜 시간에 걸쳐서 체득했을 것이다. 즉, 이기는 인간형으로 자기를 바꿀 수는 있었다. 그러나 자유로운 인간의 영혼을 포기하는 대신 기계와도 같은 불패자의 삶을 얻은 것이다. 그는 사람들에게 승자로 존경받지만 어쩌면 그야말로 영원한 패자가 아닐까? 그 막대한 시간을 그는 뭘 하면서 보내고 있단 말인가? 진정한 프로는 그렇게 시간을 써서는 안 된다.

인생의 가장 큰 범죄는 바로 시간을 낭비하는 것이니까.